杏坛园丁的风格

吕秀军 著

经济日报出版社

北京

图书在版编目（CIP）数据

杏坛园丁的风格／吕秀军著. —— 北京：经济日报
出版社，2024.8
ISBN 978-7-5196-1397-6

Ⅰ.①杏… Ⅱ.①吕… Ⅲ.①教学研究-中小学-文
集 Ⅳ.①G632.0-53

中国国家版本馆 CIP 数据核字（2023）第 256044 号

杏坛园丁的风格
XINGTAN YUANDING DE FENGGE

吕秀军　著

出　　版：*经济日报*出版社
地　　址：北京市西城区白纸坊东街 2 号院 6 号楼 710（邮编 100054）
经　　销：全国新华书店
印　　刷：四川科德彩色数码科技有限公司
开　　本：880mm×1230mm　1/32
印　　张：8.375
字　　数：198 千字
版　　次：2024 年 8 月第 1 版
印　　次：2024 年 8 月第 1 次印刷
定　　价：58.00 元

序

悠悠教韵尽是情

离开学越来越近了，作为学校的"一把手"，忙是肯定的，布置工作、建构新学年、接待方方面面的来访，以及检查开学前的准备，紧张而有序。恰在这时，初中部的吕秀军老师，将一沓散发油墨清香的文稿放在我的办公桌上，邀我写个序。这得全力支持，扶植老师是责任，也是义务。

出专著，将教育教学沉淀下来的厚重哲思、厚重情怀、厚重智慧装订成册，交出版社出版，确实不容易。在这方面我是颇有些体会的，因为我的专著《智慧铸师魂》刚刚上架，尚来不及进行深层次的思考，学校老师的第二本专著便已具雏形，可喜可贺。出书至少可以告诉关注湘南红军学校的各界人士，该校是出人才、出作品的人文宝地，藏龙卧虎，大家正在积蓄力量，寻找登台亮相的机会。

一

《杏坛园丁的风格》有 6 个篇章，忙里偷闲走进字里行间，好多年没有读到这么有思想、有智慧、有高度、有个性的作品了，刚品出一些韵味，手机又来捣乱了。这时节 24 小时不得关机，主管部门的领导不定时查岗，家长和老师以及关心学校的人士时不时送来问候，让我不敢有丝毫懈怠。

我喜欢圈圈点点，批阅惯了，间或还要来几句赏析，情之所至，意之所达，勃发再创作的冲动。作者的很多想法，包括学校未来的构架，许多与我不谋而合，这也是我欣然命笔的重要因素之一。

第一轮是通读，大约用了三个晚上，彻夜中有小憩，用冷水洗脸驱赶疲惫，推窗望一下月，便又满怀诗情画意沉浸在书卷里。

杏坛把式到底有哪些风格，以前我也想过，只是没有秀军悟得透彻，于阅读，于管理，于研教，于学教，于写作，几乎面面俱到。不是他一个人有林林总总的所为，几乎所有的老师都涉猎了这些领域。诚然，中小学教师是杂家，每一个学科都或多或少经历过，说是一专多能，说实话，多少有些无奈，造就全才也是无奈之举。秀军是实诚人，接受任务颇快，几乎没有推卸过。一上阵便全身心投入，做出不菲的成绩，也获得了有目共睹的荣誉，这些成绩成为个人的骄傲，成为家庭的自豪，成为学校的亮点。

用爱培育生命是他的真实写照。他是从关溪乡走出来的学子，那地方我熟悉，系穷乡僻壤之地。年少的历练却也锻铸了他坚毅的性格，为他教书育人积累了取之不尽、用之不竭的精神财富。正因为每个成长阶段都有"贵人"相助，他也致力于做贵人，帮助特困生、学困生，成为精准扶贫、教有所成的"宜章好人"和优秀党务工作者。

二

校长、书记们聚在一起，三句不离本行。不少教师天天念的是教书经，教材、教案、讲台天天一个样，像一潭死水，波澜不兴。其实这也是一种人生，这种生存状态，说好听一点是守本分，没有什么大作为。人各有志，是无可厚非的。学校期待的是有所作为，特别是在倡导全面提升中小学生素质的今天，时代要求的不是教育工作者的小作为，要的是能够充分放开手脚，干一番大事的全才、帅才。秀军就是这样的老师，他喜欢立言，敢于立言，善于立言。他立足于数学学科，立足于所在学校，急学校之所急，想学校之所想，做学校之所做，从现在做起，从自身做起。十多年来，他适应时代的要求，做创新型教师，高举教师职业道德的大旗，呕心沥血，孜孜以求，实现了创新教育教师角色的华丽转换。

做过学校管理的秀军，他的立言是全方位的。我与他有过多次交流，谋学校的发展，谋老师的提升，谋构建学生全面发展的育人体系。他好读书、善读书，每每有独到的见解，有深刻的领悟。他从中外名师名教育家身上发现闪光的东西，成就自己的人生。每一次交流，每一回促膝谈心，用他的话说，胜读十年书。难怪他的学生也与众不同，明白好读书、读书好、读好书的道理，每一次竞赛都有喜人的表现，这与他的努力是分不开的。

三

秀军老师是个勤快人，表现在嘴勤、手勤、脑勤，勤于思考是他最大的特色。作为数学专业的老师，他想得最多、做得最多、写得最多的当然是数学。我看过他的教案，课中反思、课后反思密密麻麻的，多且好。每每令人亮眼的是与学生碰出的火花，他都立即留下了痕迹。许多老师，特别是青年教师，不懂得积累，每到写总结写论文的时候，只能临时抱佛脚，怎么来得及。结果，要么借助多媒体东拼西凑，要么借同事的框架，大同小异，反正都是教学，你做的，我也做了，来了串大话套话空话，没有一点是自己的东西。有的人甚至沾沾自喜，不以为耻。秀军老师写论文总有自己的视角，在数学教学中培养学生的自学能力他最拿手。他不单推究学生自学能力的培养，还专注学生品质教育之研究，为的是提升学生的创新能力。他肩挑"两化"，建构数学学教大课堂。在他的示范课上，我曾多次从语文的角度、从管理的层面进行点评，非常认可他的创造性思维。他一直倾心于学案和教案的精雕细琢，在介绍教学思路的时候，他总会推介自己的做法，那便是先学后教，于学生，于老师，两条轨道并行。我也归纳过他上课的特色，还在不同的场合郑重推介，那正是数学知识生活化、日常生活数学化的写照。在论文《肩挑"两化"　构建学教大课堂》里有详尽的描述和拓展，称得上是他教育教学的个人风格。

学校实行推门听课，有的人有收获，有的人如过田间的水，淌过便流走了，什么也没留下。往往评课的时候，出现"我想说的，你们先前都替我说完了"。也对，谁叫你们抢了风头，把我的所思所想抖了个底朝天。秀军不满足于评课的形式，潜下心来冷静思考，结合自己的实践，写了《公开课的评定》这篇文章，从而使学校的评课有章可循。秀军的教科研不囿于数学教学，常常打破砂锅问到底，如他写的《个性那东西》，难怪他把学生的脉那么准，经常语惊四座，一语中的。

秀军热心于讲座，家庭教育、学校教育、社会教育多个领域都沉下了心，都有非比寻常的表现。《搞好学生的读书活动》既面向学生，也面向家长，反响很好，我亲眼见一大群家长围着他要讲义，其中不少是外校蹭讲座的老师。这些年，大大小小的征文活动层出不穷，秀军到底写了多少，我不清楚，只晓得每一回报喜，他都榜上有名。要不然，哪会一出手，就有这大批量的锦绣华章。

四

一走进"家校共育"，心就静不下来了。当班主任那会儿，我常常也异想天开，凭自己的人格魅力，征服热心和不热心教育的家长，也做了大量的设计和构思，也付诸了行动。可临到出专著的日子，我翻箱倒柜了好几遍，拿得出手的寥寥无几。瞧瞧，瞧瞧，《开一回小灶吧》，色香味十足。我们时常笑学生的吃相，当老师的又何尝不是，至少本人很欣赏食人间烟火，但与秀军相比，简直就是小巫见大巫。

"找优点"那招，亏秀军想得出来。我也做过班主任，实话实说，虽然表扬也常挂在嘴边，有几多？拿算盘一拨拉，自然就清楚了。要想班级管理到位，成为学校的标杆，就是要减少同学们的缺点。要是两眼紧盯的，总是除了缺点还是缺点，那么，缺点会越改越多，往往这个缺点才改掉，眨眼又冒出别的缺点来，不亚于"野火烧不尽，春风吹又生"的杂草。思来想去，不禁哑然失笑。原来，《最美乡村教师》就是这样孕育出来的，难怪他带的班，届届都充满正能量，一提到他的优秀，连好几届管教育的副县长都竖大拇指点赞。

在湘南红军学校，班主任都是心理专家。这话不假，至少我是这样认定的。《让每一位学生都能成才》，说心里话，这是我最高的追求，也是行政管理的最高境界。我的每个宏观构架都体现这个主题，具体实施依赖于一线的班主任们，正因为他们辛苦，正因为他们出业绩多，评先评优总向班主任倾斜。秀军也是受惠者之一，他获得众多的荣誉称号，完全可以说是实至名归。很多老师和家长哀叹孩子叛逆的时候，他却站在山顶上唱赞歌，嗨来嗨去就那个调，就那个板眼——《我的孩子不叛逆》。因为孩子懂得《丢掉伤害》，因为孩子们善于《把坏心情踢出门》，因为孩子们知道《给心灵放个假》，因为这群天真烂漫的孩子向上向善，用七彩的笔素描出《水涨船高》的意境。

正要搁笔，手机又嘟嘟起来了，《这个好世道》的歌声令我情绪亢奋。原来，秀军和我一样，夜不成寐，把刚刚整理完的《一得录》发了过来。读着读着，秀军这位鲜活的老师、大气的老师、智慧的老师、经典的老师跃进眼湖，溅出满眼笑浪，经久不落。

是为序。

李　俊

2023 年 9 月 10 日

（作者系湖南省宜章县湘南红军学校党支部书记兼校长）

目 录
CONTENTS

第三章　论文篇

第一章

把式篇

杏坛把式纵声吟，

璀璨人生弟子钦。

文武兼修成大器，

三湘四水赋师情。

阅读的把式

打中师毕业，很多学友就不再阅读了，我也有些从众，究其实，是懒。

一到春暖花开时节，班里请假的一个接一个，流感使然，也不否认有浑水摸鱼的，反正我辨别不出孰真孰伪。

"老师，我要请假，头痛得很，爷爷来接我。"张小兰乜我一眼道。

学生请假，我最怕的是头疼肚子痛，看不见摸不着，只好签字应允。

张翁是山城著名的老中医，银须飘飘，颇有些仙风道骨。他盯了孙女老半天，没发一声，末了道："我可不带你回家，装装装，不就是想赶中午的宴席。"他一番望闻问切之后，头摇成了货郎鼓，我的眼睛鼓得牛卵大，张大的嘴半天合不拢。

"其实一点也不神，坐诊一辈子，就这特长。孩子撒谎，欺负你不懂。"他伸出右手捋捋银须，是那样的自负，"当老师的，得多读些书，不要求你精通，务必略懂点皮毛……"老人家转身就走了。

一个星期睡不香觉，为自己的肤浅。当老师，特别是做班主任，学生问东问西，一天到晚叽叽喳喳个不停，逮住什么问什么，在他们心里你就应该什么都懂。

我决定做一个杂家，按板块一个专业一个专业涉猎。说实话，此前我阅读最多的是文学，譬如四大名著，读了三四遍，回回都有新的认知。每本书既有圈圈点点，也有眉批，间或顺手在白页里留下心得体会。这回，不再局限于长东西了。我读书有个习惯，爱读目录，从目录里揣摩文章内容。这习惯打从初中开始，是语文老师教的方法，他让我从标题入手，先考虑：这篇文章我来写，会写什么，怎么写，为什么这么写，多问几个为什么会思考得更透彻。然后读文章，看作者写了什么，怎么写，为什么那样写，两相比对，孰优孰劣便一目了然了。自然，那时节肯定比不过书本里的作者，他们是大人，是作家，文字功夫好，阅历深，想得长远。这个环节，收获的是取人之长，补己之短，用启蒙老师的话说，站在巨人的肩膀上，能看得更远。

大凡读书，总是要记笔记的。好记性不如烂笔头，许多好东西记在笔记本上，用起来，就算一时忘记了，找起来也方便。

有一段时间，发觉班里的学生特浮躁，静不下心来。眉头一皱，计上心头，我一边推介阅读书目，一边介绍阅读方法，半个月之后，学生们成长了许多，浮躁的景象消失得无影无踪了。

绝不能放任学生荒书。不放任他们就要做好自己。我下班的时候，手里总捧一本书，不是唐诗宋词，就是元曲，抑或明清小说，当然也关注网红作家出的新书，也关注本土作家出的新书。只要有好书，我就会利用多媒体，利用微信群，向学生推介阅读，并不定期举办专题讲座，畅谈读书的经验。

"吕老师，你真坏，害我多花了好多读书的钱。"张秋生是我带初中的第一届毕业生，大学毕业后，考了研，读了博，见面就喜滋滋的。据说，他们家有两万多册藏书，还被评为省里的"书香之家"呢。

　　我这个阅读的把式，想的就是要渊博自己，丰富学生，让他们把读书当成自己一生的习惯。

　　你还别不信，好多学生、好多家长到我这里咨询阅读的方法，我把快读、慢读、精读的招式一一向他们诠释，并在每一个环节设置了阅读目标，布置了阅读作业，奔得就是把一本书读厚。

　　"我们的班主任不光数学讲得好，其他学科也信手拈来。"这话是唐仁凤对邓校长说的。民意测试那天，邓校长随机抽了几个学生访谈，汇总后发现，我这位阅读的把式拓展了学校教育的途径。"称吕秀军老师为阅读的把式名副其实。"邓校长这样下结论。

管理把式

老师们都爱侃大山，不时扯出管理的话题，不少人曲解，以为那是学校领导或班主任的事。

不管是谁，当你走上三尺讲台，管理便形影不离了。有的老师讲课，学生鼓起眼睛，竖着耳朵，张大嘴巴，全神贯注于课堂，是那样如痴；而有的老师一转身，台下的学生小动作五花八门，层出不穷，有的甚至面对面，你讲你的，他弄他的，似乎风马牛不相及。为什么会出现两种截然不同的场景，这与教师的教学管理有着必然的联系，是由老师的人格魅力决定的。

人们常说，跪着的老师是教不出站着的学生的。这话一语中的，有什么样的老师，便会培养出什么样的学生来，是潜移默化的结果。

千万别把学生当蠢子。孩子们贼精，你有没有付出，他们一目了然，很多时候，只不过不说而已。有的老师上课铃一响进了教室，下课铃一响出了教室，课后与学生没有一丁点交流，有的甚至于形同陌路。一个学期完了，还叫不出几个孩子的名字，学生怎么会黏你，怎么会听你的话。感情都是互动出来的，这动，便是付出，付出时间，付出精力，付出情感。

我喜欢和学生一起疯，在教室里疯狂学习，在教室外疯狂玩耍。有人认为跟学生嬉戏，没大没小，不足以立威。要晓得，学生敬佩老师，首先是你的博学，其次是你的品行，他们不服你，吹破天也一文不值。

学生淘气，甚至是犯错，能惩罚吗？回答是肯定的。我第一次"打"学生，全班都吓傻了。我这人，其貌不扬，生起气来，赛张飞，令人不寒而栗。那天，子俊故意捣乱，被我抓了个正着，眼一瞪，飓风般旋了过去，张开的五爪直奔他的脸蛋，他骇得闭上了眼睛。哪承想，我轻轻拍了拍他的肩，暴风骤雨就过去了，孩子们惊呼：老师爱我们！

孩子们都是夸大的。老师们都小过，谁不盼大人的夸，大人的肯定。有的老师吝啬，要他一个赞，比登天还难。我的小作坊，盛产赞美之词，送给学生的尽是鼓劲，尽是开心，尽是鞭策，我的话被他们奉为圣旨。

做更好的自己，是我一生执着的追求。要学生多读书，读好书，我先要书不离手。有一道风景我至今没忘。我们县来了一个书记，他相机不离手，每次下乡都要留下精彩的一瞬。那几年，出了好几位摄影家，频频获大奖，成为本土一道亮丽的风景线，这"呼叫转移"，立竿见影。

参与年级管班，团队大了好几倍。既看重学生，也看重同事。制度定了一套又一套，班级量化，教师评先评优量化，最终落在了评定上。也有什么都不在乎的，就两个字"躺平"，奈他其何。

制度管人，不得已而为之，那是最低境界。让制度无限次重复，成为人们的自觉行动，不用谁监督，不用谁衡量，争先恐后做更好的自己。这做更好的自己就上升为一种文化，往小了说，是班级文化，往大了说，则是校园文化。文化管人是最高境界，也称其为境界中的境界。

管理人，最重要的是能容得下人。在一个地方，在一个单位，有关系好的，也有关系不甚好的，一碗水端平至关重要。好多事情没有秤称，没有斗量，公道自在人心，心公了，上一点，下一点，只要利益里没有小我，行起事来都有天宽地阔，都能游刃有余。

老辈人常说，再累都累不死人。这话有道理。虽有积劳成疾一说，见得更多的是因病谢世。身先士卒，在管理上没有这一条，成不了真正的把式。真正的把式总把这一条烙在了心壁，成为自觉的行为，并影响一大批人，统领一大批人，成为学校的主心骨，抑或中坚力量，成为单位最有朝气的生力军。于是乎，我们在点赞某个领导会管理的时候，其实首肯的是他的驭心之术，压服远远不如令人折服。

见过不少校长，看见了他们勤劳校长→智慧校长→智能校长的不断进化。到这境界的领导，外界看到的大多是"甩手老板"的形象。他们在甩手之前是做足了功课的，在管理上，讲究一线到底，各尽其责。每个位置都管理到位，金字塔顶端的那位，自然能够程控全局了。大大小小的金字塔如出一辙，其追求的都是无限放大自己的团队，这便是管理把式倾心成就的风格。

研教把式

不少老师认为，教科研是专家、学者的事，其实不然。专家、学者也是从普通老师中脱颖而出的，像登山，只不过专家、学者登上了峰巅，而大多数老师尚在山路上攀爬。也不知这说法科学不科学。

曾羡慕我的语文老师，他教语文似乎一点章法也没有。大多数老师总穿梭在字词句篇里，抑或加上修辞手法和表现方法，那架势，有如我小时候剁猪草，越碎越好，仿佛剁得越碎，猪们越容易吸收。可惜猪不会说话，也就生不出诸如反对、抗议的歧义来。若人，会吱一声，剁得太烂了，少了嚼劲，寡味。

语文老师告诉我，课文就像一匹布，老师正是裁缝师傅，裁裁缝缝，凭的是手上功夫，靠的是全新理念，或中山装，或西装，或奇装异服，就看你怎么设计了。难怪他教课文随心所欲，有时中间开花，有时倒着来，从最后一段逆着走，宛若记叙中的倒叙，恰似他的口头禅，教无定法呢。

语文可以那样玩，于数学呢，我也曾做过多种尝试，渐渐地，便悟出了"一通百通"的道理。

很多老师有知识，没文化。知识不就是文化吗？其实不然。文化是千百年来沉淀下来的可供传承的东西。这一阐释，倒让人有几分明白了，一如杜康，得发酵，得窖上若干年，才得以清冽醇香。始知教法才是值得探讨的大课题。

回老家修身养性，又学了一招。母亲是村里最懒的，她一年四季都有菜卖。邻里比她勤快的，却少有尝鲜。仔细探究，邻里特长劲，早出晚归，一柄锄头，一担粪桶，躬耕在菜地里，锄勤了，新根没长出来，旧根倒锄断了，没了根，怎么输送营养？一味地浇水施肥，改变了土地的团粒结构，流失稳定的生存空间，何以营生蓬勃生机？日复一日施肥，旧的还没吸收，新的又来了，往往将幼苗"烧"死，没菜吃也就在情理之中了。母亲隔三岔五去菜地，多半空着手，察言观色，该出手时就出手，反而生机盎然，长势极好。真是懒人有懒命。母亲总结，方法是交通工具，比如收割，一亩田收稻谷 2000 余斤，肩挑手提，得 10 个来回，用三轮车一趟足矣，用大卡车，还不够它塞牙缝。话粗理不糙，做任何事情得讲方法，否则，累死也枉然。

从生活中学习生活，似乎越来越明智了。不少学生今天学的，后天就忘了，我把循环记忆法板书在黑板上，箍紧连锁链，充分发挥大循环套小循环的功能，以此巩固学习效果。

依据学情定学习方法，是我这些年在这上面花时间和精力最多的地方。每个教学班都有个性和共性，这就需要因材施教、因地制宜制定切实可行的措施来。

用好目录，才能出成效。一发新书，我便鼓励学生想方设法诵记目录，目录倒背如流了，复习时就可提示记忆，再现知识点，能回忆出来章节，不用再翻书。实在记不起来了，立马看书，比从头到尾一路翻下去的复习方法节约80%以上时间，效果也更好。

学生喜欢自己的事情自己做，学案的设计就显得尤其重要。我们的学生学习能力参差不齐，在设计学案时，凸显多层次特色，让不同层次的学生都有"饭"吃，还能享受其乐无穷的色香味。

没有一个班的学生的学习能力是在同一水平线上的，有时候，学困生特多，我喜欢培养小老师，先物色5个，带他们上路，用我蹚出来的方法，一个月就出师了。5个教5个，便有10个小老师了，10个再教10个，竟然有20个之多，20个再教20个，剩下的就不多了，即使是手把手教他们，也不至于手忙脚乱。好多老师羡慕我，一天到晚哼山歌，咋就感觉不到一点压力。我的窍门就是使用"交通工具"，眼馋也没用。

从事学校管理之后，带团队成了第一要务。我的研教不再局限于数学了，学科间的相互渗透，令我大开眼界，自然也水涨船高，能力的提升也是顺理成章的事了。

历史好学呀，就一句话，什么时间什么地点什么背景下发生了什么事经过如何结果怎样，弄清楚这些，优秀便指日可待了。写作文简单呀，把它分成5个空，开头结尾各一空，开篇点题，短小精悍，结尾收束有力，留有余味，都在50字左右；中间3个空，写3个人或3件事，一详两略或两详一略，400字左右。听得学生两眼泛光，味道十足。

该搁笔了，不然，该迟到了。据说，全县教初中数学的老师都到了，《研教把式的风格》这个专题讲座，每到一个报告大厅都爆棚哩！

学教把式

写下这个标题，忍不住笑了出来，却又不敢出声，孩子走进梦乡了，生怕惊着孩子。

"既然选择了教师，就要倾心搞好教学。"记得离校的时候，班主任一再叮嘱。

教学了几十年，感觉这条路越走越窄了，蓦然回首，始知误入歧途了。

学教于我，无论是做教案，还是做学案，都应该先学后教，这就是为什么称之为学教的理由。"六十六，学不足"，哪个教师不是边学边教、先学后教呀？

至今犹记得，论文《从更新观念说起》发表时，编辑把所有学教都改成了教学，习惯使然，令我哭笑不得。与他沟通，他依旧那样振振有词。

初中学生，学数学 6 年有余，掌握了一定的数学知识，形成了解决数学问题的能力，为他们先学后教奠定了坚实的基础。于是乎，每一个章节，每一个单元，我都立足于做多层次的学案，指导他们阅读数学教材。

说到指导阅读，不得不插一句，我学数学的时候，总是从目录切入的，初中3年6册的目录至今烂熟于心。我告诉学生，总复习的时候，复习一个学期的内容通常要半个月，用我的方法复习，不到半节课，用目录拖出知识点，一目了然呢，不再一头扎进课本里。实在回忆不出的，才再打开课本，不单节约了时间，效果非常明显，我班上的同学无一例外，受益匪浅。

扯远了，立马回转正题。同学们利用已经掌握的知识自主学习，一般问题，学习小组协同解决；特别重大的难题，上课前提交；普遍存在的问题，课堂上解决；个体性问题，课前课后开"小灶"解决。这就避免了重复教授，节约了学教成本，也最大限度地利用了有限时间，实现追求最大化的终极目标！

运用学教理念进行课堂教学，数学知识生活化是前提，日常生活数学化是结果。把数学放进生活里，是完善学教课堂的先决条件。我把几何教学与生活捆绑在一起，既直观，又形象。一个正方形的餐桌，对角线切开，便滋生出两个同等的等腰三角形，学生借助长方形课桌，一比画就一目了然了。

孩子们都有脚，走不好人生路的，大多数因为太懒。这懒，很大程度是老师惯出来的。我们的教师习惯于满堂灌，误以为讲得越清楚越明白越详细越好，犹如孩子刚学走路，你一天到晚抱着他背着他，连挪脚都不会了，又怎么走到预期的目标哩！

自己的事情自己做，末了，还要补一句："我的事情我做主。"要他学，这意念统治我们几十年了，翻天覆地地"改弦更张"，那是应该舍得下血本的。第一次上公开课，我讲的是一元二次方程，45分钟，在学案的引领下，学生依据程序"漫山遍野"跑，任由头羊引领，自主选择最嫩的"野草"，主讲老师答疑解惑不过10来分钟，现场测试，优秀率在94%以上。学生每完成一个步骤，都有收获，都有成功的喜悦，学着学着，都想脱缰，都想自由自在地驰骋。

要我学与我要学是两个不可同日而语的境界。以前，一走上讲台，老师的话匣子一打开，想收都收不住，这也要讲，那也要讲，不讲细，恐怕学生消化不了。一如60年前的老奶奶喂饭，先自己嚼烂了，然后嘴对着嘴喂嗷嗷待哺的孩子，这也曾养大一代代人。社会在发展，人类在进步，文明在提升，现在的孩子特聪明，特别讲卫生，老办法肯定行不通了，要是还抱残守缺，一意孤行，孩子们抵触也就不言而喻了。当他们把"厌"字推出来作挡箭牌的时候，我们还一味地责备学生厌学，责备学生叛逆，究到底，厌学的是高高在上的老师，叛逆的是一脉相承的老师，早就该摒弃了。

驾驭学教课堂是需要大智慧的，需要思想观念的更新。高屋建瓴的掌控，一如既往地躬身前行，是那样地义无反顾，必然形成自己的教育教学风格，换而言之，正是把式的风格。

评价一堂课，透过门道，纵观设计，挖掘老师的付出，挖出学生的付出，于收成里，用秤称，用斗量，以此认定学教成效，以此认定教师的构架，脱颖而出的把式群体自然而然成为学校最亮丽的一道风景。

我乐意一直致力于这道亮丽风景的精雕细刻。

写作把式

"好多年没有写作文了，真怕拿不出手。"我写了一个故事，参加郴州市廉政教育征文比赛，犹豫了好久，请陈老师指点。

陈老师是学校的临聘老师，退休之后，主动要求任教，令我钦佩。他是学中文的，教学之余，笔不离手，写小说，写散文，写诗歌，也写古体诗词，在我眼里算得上是行家里手了。

陈老师边看边改，放下笔之后，盯着我看了老半天："数学老师有这功底，有这见解，少有。"他理了理一头白发，夸得我有些受宠若惊。

这些年来，我似乎每天都要来几行，不完成这个作业，手就发痒。

从来没有想过，我的文章要步入哪个境界，也是被教育所逼，才和汉字成为莫逆之交的。

"你们班上的学生，作文才交了一半，下回再这样，你陪他们写。"语文老师见面就瞪眼睛，好像我也是他的学生，开口就是你们班。

静下心来一想，作文才交了一半，恨不择言也在情理之中。我的学生我的班，怎么会出现这种奇怪现象呢？我不理解，也想不通，决定下水探个究竟。

一个又一个，全班谈了个遍，喜形于色的，一个都没有，作文那家伙真的成了拦路虎。时代呼唤武松，我就那样出山了。

将课文与学生的作文进行比对，我大腿一拍："我的孩子，课文和作文咋分成了两个老死不相往来的冤家！"孩子们的学和写完全剥离开来了，这正是问题的症结。

班会课，我拿作文开刀。我告诉学生，写作文正如做游戏，有套路，又没有套路。先按套路走，熟了，就抛开套路，顺应自然，想怎么写就怎么写，奔的就是开心，奔的就是舒服。

作文也太容易了，在战略上要轻视困难，在战术上要重视困难。如庖丁解牛，我把作文分成5个空，一头一尾2个空，50个字左右，要求学生开头短小精悍，开篇点题，结尾哩，呼应开头，收束有力，留有余味。稍停，扫视全班一眼，进一步延伸。中间3个空，写3件事或3个人，一详两略，或两详一略，用两种修辞方法，用两种表现手法，喝粥一般，一嗦就见底了。我满口地轻描淡写，学生面面相觑，继而议论声四起："作文就这么简单？""以前从没听说过呀……""早晓得这样，也就不会交不起作文了。"……

我时刻关注学生的动态，让学生每天写几句不同的话，用几个动词和成语造句，继而写日记，有话则长，无话则短，一写完就晒出来。"老师的作文晒出来了，我们也赶快上传……"微信群里甚是热闹。

我时刻关注学生的单元作文，学生在课堂上写，我在办公室写，几乎与他们同步。他们交作文的同时，我也把文章上传到微信群，晚上一放学，他们找的就是我的作文。

"写作文和做人不一样，做人要老实，写文章不能老实，允许虚构，真的是真的，假的也可能是真的，作文的真不等同于生活的真。"我进一步拓宽作文的思路。

有一个叫谭向东的学生特懒，他家长是我的同学，找他谈话，一副死猪不怕开水烫的架势，一句话也不答。家长拿他没办法。我邀家长配合，先辅导家长，家长再辅导孩子。3年下来，那位家长发表了40多篇"豆腐块"。受大人的影响，孩子效仿，实现了"有什么样的家长就有什么样的孩子"的教学构思。

一个老师，如果你长时间不提笔，久而久之便会眼高手低。"那些字早就还给语文老师了。"常常听到老师们这样感叹。你不要觉得奇怪，讲台上的许多老师可以口若悬河，可一旦举笔写点什么的时候，汉字们一个个藏起来了，任你怎么费心劳力也捉不住它们，再好的意象也表达不出来。这个亏我从来没有吃过。

《我喜欢玩泥巴》《我与老师比淘气》《找优点》《编故事》《把自己晒出来》……稍微整理了一下，一清点，居然有527篇之多。

"丢人哩，不敢和数学老师叫板。"有家长用激将法，"姜还是老的辣"不适合学校，"青出于蓝而胜于蓝"是常有的事。刚回到家，带了一个徒弟，磨了半个月的课，青蓝工程的华章该出炉了，期待着走进字里行间的眼睛，醉在拍案叫绝里。

用爱培育生命

在我接手的班里有这样一位学生，她叫小英。刚入学时，她给我们的印象极不好，她从不跟同学交流、玩耍，还经常哭泣，每个星期都会逃学。老师问她为什么，她什么都不会说。每天，她只跟弟弟说说话。下午，她就在食堂后面傻傻地望着回家的路。慢慢地，在学校同学面前她成了半个"哑巴"，在教师和职工面前她成了"小蠢婆"，甚至认为她神经有问题。上学期里，她还偷过班上学生的东西，于是她还落得了一个"小偷"的罪名。

不管别人怎么看她，我都没有放弃对她的培育和信心，从小英的作业里我发现她的接受力和思维不错。从那次当小偷后，她虽然一言不发，但我发现她真正改正了，只是默默承受着一些学生嫁祸给她的委屈。

有一阵，我发现她总是哭着要回家，于是我把她和弟弟叫到房里，问他们为什么要回。"我恨读书，成绩越好，读书就会越读越远，我就离妈妈越来越远。""我恨我自己，恨自己不能快快长大。""我想我妈妈，我想回去帮她分担一点事情，她太累、太苦。"小英只说了三句，却震撼了我。我用手摸着姐弟俩的头，不知说什么好，我为他们骄傲又为他们担心。"好吧，老师今天送你们回家，不过，你们要答应老师，明天要来学校上课。"姐弟俩笑了。

其实，我已经感觉到了，影响小英的"病因"就在她家里。开学时，小英妈妈是哭着来给孩子报名的："老师，请您帮帮忙，我现在实在没钱，但孩子需要读书，你让她先读，等我凑到钱了一定来交费。"这位母亲的话很朴实真切，我相信她，并为小英担保了费用。这次，我送他们回家，一来是想家访，二来也可以拉近师生距离，让他们感受到老师爱他们。来到小英家后，我了解了一切：小英家有四姊妹，个个都在上学，小英是老二，一家人全靠妈妈一人做苦力支撑，妈妈饱受苦难和委屈时，经常会在他们面前哭泣。小英妈告诉我，小英是家里最懂事的孩子，不管什么活都会为她分担，对两个弟弟也很好。我还发现，小英一回到家就变得活泼了，还能跟老师滔滔不绝地聊天。

从此以后，我在学校更加关注小英了，小英也慢慢会与我交谈了。她喜欢我的课，我也经常看她的练习，给她指点错误，讲解难题，她的成绩很快就名列前茅了，成了任课老师心中的"黑马"。我试着带她一起跟班上其他同学打球，做游戏，跟同学交往，虽然她话不多，慢慢地也不再像个哑巴了。

有一天，天气较热，小英蹲在寝室外迟迟未进寝室。我问她为什么不进去休息时，她什么也没说，只是进去坐坐，我一走开她又出来了。于是我从侧面了解原因：小英没有凉鞋洗脚，寝室里个个嫌弃她脚臭，她就很迟才进寝室睡觉。第二天，我带她到店里为她买了双凉鞋，从此，她再也没有蹲在寝室外很迟才去睡了。我发现小英很爱惜那双凉鞋，穿在脚上，脸上总洋溢着一丝笑意。

小英不再哭泣，也没逃过学了，只是依然会站在食堂后面张望着回家的路，因为那边是她家，也许还能看到妈妈。

这是一个幼小的生命，心却如此的壮大，我在为她高兴，也在为她担心，她还有漫长的求学之路，我还能为她做多少呢？但我相信，我的爱会成为她健康成长的养料，我的付出能为她搭起人生起跳的第一块跳板。

教师最幸福的事，莫过于用爱培育生命，换得桃李芬芳。

第二章

立言篇

心智汤汤满洞庭，
自成流韵总关情。
满园花卉嘻杨柳，
李杜诗风醉九丁。

谈创新教育之教师角色的转换

世界早已进入知识经济时代，需要的是具有创新意识和创新能力的人才。面对世界科技日益飞速发展的挑战，我国全面实施以培养创新精神和实践能力为重点的素质教育已有几十年。但从整体上说，学生创新能力的培养起色不大，影响因素是多方面的，但教师在其间所占的比值较大。可见，培养和提高学生的创造性，必须有"创造型"教师，而不是"知识型""经验型"的教师。为了适应时代发展的需要，教师必须重塑角色，深刻转变自己的思想观念，学习新的知识，改变自己教育教学方式。

一、从"传授型"向"创新型"转变，实现教学观念的更新

早在数十年前，诺贝尔物理学奖获得者杨振宁、朱棣文教授就批评过我国的学校过多强调书本知识和书面应试能力，在培养学生创造能力方面明显不足，他们指出：创新精神强而天资差一点的学生，往往比天资强而创新精神不足的学生能取得更大的成绩。长期以来，我们的教师认为自己的角色是"传道、授业、解惑"，这种传统文化的消极因素成为实施创新的羁绊，大大禁锢了教师的思维方式。教师按照教学计划和教材有条不紊地进行备课、授课、批改

作业、课后辅导等工作，学生每天重复听课、完成作业及课后复习，长期处于消极被动的状态，缺乏学习的主动性、独立性，失去了创造力和个性。

创新观念是推崇创新、追求创新，以创新为荣。教师在扬弃传统观念的基础上，应建立符合创新时代的创新观念，形成一个适应新时代的教学观。陶行知先生曾经说过："行动生困难，困难生疑问，疑问生假设，假设生试验，试验生断语，断语生行动，以此演化无穷。"教学中，教师应创设良好的认知环境，营造"心理自由"和"心理安全"，创造适宜发挥创造力的课堂氛围。在这种环境里，师生互动、和谐、民主，学生联想自由，涉猎广泛。教师组织认知活动时应设置问题情境，并且问题的设置要创新别致，富于启发性、挑战性，具有诱惑力。教学过程中教师要营造探究气氛，激发学生主动参与、积极思考，鼓励学生大胆提出问题，善于发现问题，不满足于唯一答案，不迷信权威，敢于向权威质疑和挑战。教师组织学生讨论时要给予充分的时间，让学生互动，实现思维互补。教师要指导学生多途径、多角度、多方法思考问题，启发学生心智。问题的答案尽可能设计成开放型，以培养学生思维的创造性，不断拓展学生思维的发散性，同时给学生获得较多成功的创新情感体验。

二、从"经验型"向"研究型"转变，具有较强的科研能力

研究能力是创新人才必备的素质。社会的飞速发展和教育教学改革的日新月异，使教师的职业角色发生了深刻的变化，要求从灌输单一知识的经验型"教书匠"向具有教学科研素质的研究型转化。教师只有亲身参加一些力所能及的教学科研活动，才有可能对学生进行科学方法论教育，才有可能进行创新教育。

创新教育活动中的教师仅熟悉教学内容、目标和具备丰富的教学经验是不够的，还必须掌握一定创新教育理论、教育规律和教学原则，构建新的教育观，具备现代教育、教学研究的主要方法和手段，探索开放教学、情境教学、实验教学、探究教学等行之有效的教学模式，同时必须了解国内外教育改革动态与趋势，捕捉各种新的文化科技信息，寻找有价值的素材，运用创新方式进行教育科研。

教师在平时的教育教学实践中，应对自己的教学行为进行反思、研究，对学生及周围的教育现象进行分析探究，善于发现问题、分析问题。在科学理论指导下，教师需针对问题进行实验研究，并将获得的感性知识总结上升为理性知识，将研究成果转化为有效的教育行为，从而指导教学实践，提高教学质量，使教学既富有理性的内涵又具有实践指导意义。通过"深挖洞，广积粮"，教师可以从中丰富自己的知识，完善自身的能力结构，提高自身的研究素质，逐步使自己从经验型向研究型角色转换。

三、从"专才型"向"通才型"转变，构建综合的知识体系

苏霍姆林斯基说："教师的知识越深，视野越宽广，各方面的科学知识越宽厚，他就在更大程度上不仅是一名教师，而且是一位教育者。"实践证明，许多著名的科学家之所以有发明创造，就因为他们具有宽广的知识面。知识面窄的教师不可能适应当前教学改革的需要，也不可能搞创新和培养创新人才。教师要具备多元化的知识结构，争取做到知识融会贯通，彻底摒弃"隔行如隔山"的落后陈腐观念。

知识的综合化是当代教学发展的一个重要方面，当前进行的课程改革也体现了对教的综合知识要求，如浙江省初中自然科学综合

理科课程的设置、高考的"3+X 模式"等，要求教师从"专才"转到一专多能的"通才""全才"。具体地说，教师除具备丰富和组织化的专业知识外，还应当通晓其他学科的知识。比如对自然科学的教师而言，他既要懂物理、化学、生物等自然知识，还要懂文学、艺术、心理等人文科学知识。为此，教师应勤于学习，时刻关注高科技领域内本专业发展的新动态、新成果，丰富自己的专业知识，力争将教学与科技接轨；应具有职业敏锐性和紧迫感，在知识体系上广泛涉猎，及时捕捉信息，分类筛选并输入自己的知识网络，以求更广阔的文化视野和深厚的文化底蕴，实现由"专才"到"通才"的转变。

创新教育是时代发展的必然，教师是创新教育成功实施的关键，唯有实现从"文化知识的传递者"到"学生创造力开发的引路者"的角色转变，才能以优异的素质适应创新教育，才能培养更多符合时代需要的创造型人才。

当代教师应具备的素质

"学校的重要性等于学校教师的重要性。"十九世纪德国著名教育家第斯多惠的这句名言，凝练地表达了教师在学校中的重要性。也就是说，没有教师，就等于没有学校；没有高质量的教师，就谈不上提高学生的素质。今天在校的中学生将是二十一世纪的建设者。实施素质教育，把学生培养成品德高尚、学业扎实、兴趣广泛、身心健康的能学会用、能学会创、能学会做、能学会画、能唱会跳、能处（人际）会交（际）的多才多艺的新一代人才，首要任务就是提高教师自身的素质。教师好比"舵手"，舵把得稳，船才可以乘千里风、破万里浪，否则，折桅覆舟。因此，办好学校的首要条件是要有一支高素质的教师队伍。我认为，为实施素质教育，教师应具备以下素质。

一、坚定正确的政治素质

学校的任务是为社会培养人才。这种人才必须具有社会主义觉悟，坚持中国特色社会主义道路，坚持共产党的领导。结合学校工作的特点，忠诚于社会主义教育事业，有高度的事业心和奉献精神，则是教师坚定正确的政治素质的集中体现。教师只有具备高度的事业心和奉献精神，才能有影响学生的精神力量，才能有克服困难、攀登高峰的志气和毅力。忠诚于社会主义教育事业，最直接、最具体的表现就是热爱学生，"春蚕到死丝方尽，蜡炬成灰泪始干"的奉献精神的核心就是对学生无私的爱。热爱学生是教育工作者的传统美德。

二、豁达大度的思想素质

教师思想素质要求教师在对己、对人、对事时，努力做到豁达大度、沉着、耐心、冷静、自我控制、不急躁、宽以待人、能与人为善、搞好合作共事关系。教师要具备豁达大度的思想素质，就是要具有陶行知那样的学生观。"教师要有爱满天下的胸怀，热爱每一个学生。"这就是陶行知的人生格言。"为了苦孩，甘为骆驼。于人有益，牛马也做。"这是陶行知的办学心愿。"教人求真"，使学生"学做真人"是教师的神圣使命。"你的教鞭下有瓦特，你的冷眼中有牛顿，你的讥笑中有爱迪生"是陶行知对教师和家长的忠告良言。陶行知的学生观体现了崇高的师德，其核心是对教育事业的热爱，对祖国和人民的无私奉献，对中华民族伟大复兴的坚定信念。

三、博闻强识的理论素质

教师应具备的理论素质不单指政治素质，还指教育理论。教师是学生全面发展的引路人，教师的理论素质直接影响着学生的素质。这就要求教师是一个博闻强识、知识丰富的人，一个思维活跃而缜密的人。

四、学富五车的知识素质

素质教育的推进，"园丁建设计划"的实施，要求教师具备丰富的文化知识。这是教书育人的前提，也是完成教育教学工作的重要保证。因此，要求教师掌握所教学科的教学大纲，精通所教学科的基本理论、基础知识和基本技能，从全局上把握教材，对教材所涉及的问题不仅知其然，还要知其所以然。同时，教师还要通晓所教学科的发展史，了解发展现状和趋势，要站在学科的发展前沿，及时将本学科最新信息、成果介绍给学生，激发他们强烈的求知欲。教师还要灵活地运用教育学、心理学知识，改革教学方法，掌握现代化教学手段，形成自己独具特色的语言风格和教学方法。

五、语言表达素质

语言是教师教学的重要工具。教师的语言表达能力直接影响着教学效果，它能使书本上的"死"的语言变成学生乐于接受的"活"的语言。富有情感的语言能"以声传情，以音动心"。凡语言表达能力强的教师，必定语言准确精练、生动活泼，语调抑扬顿挫、铿锵有力；分析问题条理清楚，丝丝入扣，洒脱自如；解答疑问深入浅出，鞭辟入里，能使学生在有限的时间里，掌握足够的知识信息和创造能力。

六、创新能力素质

创新能力的基本特征是思维具有灵活性、独立性、求异性、深刻性、坚韧性、敏捷性、广阔性、果断性。教育工作是最需要创新能力的一种劳动。要将千差万别的学生培养成为国家需要的各种各样人才，教师没有创新能力是不可能完成任务的。可以肯定地说，一切有成就的教师都具有较强的创新能力，优秀的教师应有广泛的社会影响且要努力成为国内教育界的知名人士。

七、管理素质

班级是学校的基本单位，而教师是班级的管理者。一个班级的班风如何，学生的学风如何，主要取决于教师的管理水平。因此，教师是否具有一定的管理素质，是衡量一个教师是否称职的重要因素。一个教师如果只有相应的文化水平、专业知识和一定的教育理论水平，而缺乏管理素质，那他也不可能成为一名合格的教师。教师必须了解本班学生的特点，掌握班级工作的客观规律。班级工作内容、规律是多方面的，最重要的是教师要认真、全面、深入地去认识自己的教育对象，认真了解、研究和掌握学生的生理、心理、思想、行为等方面的特点，根据学生的身心发展规律，科学安排教育培养和训练内容，明确引导和提升学生的发展方向。

八、身心素质

健康的体格和耐劳的精神为教师具备的"最低限度的条件"之一，除此之外，教师还必备健康的心理素质。"健康的一半是心理健康。"马克思说："一种美好的心情比十服良药更能解除生理的疲惫和心理的痛楚。"

构建学生全面发展的育人体系

　　二十一世纪是知识、信息爆炸的时代。科学经济的飞速发展使纷繁的信息以不同的媒介、不同的渠道、不同的时空迅速充溢人的感官，使人应接不暇。为了适应生存发展的需要，人们对世界的认知感悟和对信息的接收容纳必须是全方位、多层面的立体承接，在接收信息、认知理解的同时，还要源源不断地将自己的知识、方法、情感、观点发散出去，实现资源共享，完成复杂的人类社会活动。中学教育是基础教育阶段，是育人的关键时刻，必须要冲破以教材为中心、以教师为中心的藩篱，将学生的视野拓展到更高远、更广阔的领域。细察全球人才素质的需求和国内当前教育的发展趋势，湘南红军学校提出了"立体吸纳、多维表达，构建学生全面发展的教育体系"这一重大课题。

　　所谓"立体吸纳"，就是要调动学生的多种感官，通过眼看、耳听、鼻嗅、手摸、脚触、心感，经由课内、课外不同渠道，通过电影、电视、报纸、杂志等媒介，在一定的环境中熏陶感染，在亲身实践中进行知识传递、信息收集，从而完成积累、认知、感受、理解，丰富和发展他们的个性。

"多维表达"是与"立体吸纳"互逆的过程，是将知识方法和既有信息，通过多种感官、多种渠道、不同媒介传递出去的形式。

学部为了实现"立体吸纳、多维表达"的育人策略，采取以下措施。

一、立足课堂，丰富底蕴

课堂是育人的主阵地。教师在教学中充分挖掘教材里素质教育的因素，力求用多种教学手段，诸如电视机、录音机、投影仪、黑板、卡片等，使学生通过视觉、触觉、嗅觉获取文化知识、思考方法、哲学观点、人文理念等，从而丰富学生的文化底蕴和思想底蕴，熏陶情操，做到了"立体吸纳"；又以口语、书面语、朗读、表演、画图、体态、神情等形式，将获取的信息、萌生的情感体验辐射出去，体现了表达的多维性。

二、开辟壁廊，广角吸纳

环境是育人的重要因素，学部充分利用空间，让每一面墙壁、画廊、桌椅都会说话，使学生移步举目都能受到情的感染、美的熏陶、智的启迪。

校园里的山水壁画、桃李彩墙让人赏心悦目；教学楼各层走廊展示学雷锋、爱家乡、爱祖国、爱科学等画面，内容丰富，寓教于乐；教室里书桌桌面的设计更是别具一格，根据学生的年龄特点和心理特征安排了相应的学习内容、理想教育内容和非智力因素培养内容。特别值得一提的是，这里是湘南宜章县年关暴动的策源地，是社会主义红色文化的教育基地，给学校红色文化传承提供了取之不尽、用之不竭的源泉，那些传奇故事是别样红色文化教育教科书。这些环境给孩子们提供了"立体吸纳、多维表达"的广阔时空，使学生受益匪浅。

三、利用媒体，兼容并蓄

学校利用早读、课间、午休时间播放"清晨英语""世界名曲欣赏""文学风景线""正音门诊"等节目，学生在这里领略异地、异国风情，欣赏经典乐曲，漫步文化长廊，身心愉悦地吸收外界信息。日积月累，他们的人文素质、思想品质、审美能力、个性特长都必将有极大的提高和质的飞跃。

四、微型训练，强化积累

学校着眼于人的发展，开展了校本课程——语文实践课，利用每天早晨十分钟，通过训练和课后看护时间开展广泛的阅读活动。早读时进行"四个一"训练，即学会一个词、背诵一句话、读熟一段话、欣赏一篇好文章。看护时间让学生集中阅读，并做好读书笔记，强化他们的知识积累，丰富他们的文化底蕴。除此之外，每班还形成了具有本班风格和特色的语文实践活动，对唐诗、宋词、名家、名篇、名对、成语、歇后语、全球焦点问题等都有涉猎，形成了百花齐放、立体吸纳的喜人局面。

五、开展活动，多维表达

丰富多彩的活动是将学生由课堂引向课外、由书海引向实践的纽带，为学生的多维表达提供了契机。学校先后开展了"三知三爱""绿色之旅""朗读竞赛""《我眼中的世界》作文竞赛""异想天开擂台赛""巧手绘童心""数学迷宫""小百灵"等活动；创星小作家活动月月留痕迹，次次有丰收；红飘带文学社成员也相当活跃，周周板出好文章，及时报道社团动态和典型人物及事迹。这些活动激发了学生们的表达意愿和潜力，表达的形式更是不胜枚举，让学生个性得以充分张扬，为造就新时代的俊才奠定了坚实的基础。

多年的实践证明，立体吸纳、多维表达符合学生身心发展规律和社会市场经济规律，学生的学习能力、思考能力、表达能力、收集信息能力、动手实践能力、创造能力都因此得到突飞猛进的发展，获得了质的飞跃。

也说教师的职业道德

道德是处理人与人之间的相互关系所遵循的道理与规则。职业道德就是人在职业生活中处理人与人之间相互关系所遵循的道理和原则。与其他职业相比，教师职业道德有其特殊性，主要包括三点：第一，教师在道德意识上要求有高的标准；第二，教师在道德行为上要求须有"人之楷模"；第三，教师在道德影响上要比其他职业更大。所以，对现代教师职业道德要求有以下四方面。

一、教师对待教育事业的道德

很多人曾经因不同的动机走上了教育岗位，有些人对社会责任有较高的觉悟，意识到教育的社会功能，从而自愿为社会进步而选择教育职业；有些人出于功利，认为这一职业收入稳定、工资不少等。然而，一旦选择了教师职业，就应该意识到，教师职业要求有奉献精神，"春蚕到死丝方尽，蜡炬成灰泪始干"是对教师灵魂的最高写照。因此，教师必须努力做到：

（一）坚决贯彻党的教育方针，忠诚党的教育事业；

（二）明确教育职责，忠于职守，遵守规章制度，执行教学方针，努力完成教育教学工作；

（三）淡泊功利影响，不断提高自身素质和修养。

二、教师对学生的道德

师生关系中广泛渗透着的教育内容，发挥着重要的教育职能。教师对待学生的行为，对学生德、智、体、美、劳各个方面的发展具有深刻的影响。因此，教师必须做到尊重、信任学生。总结多年来教育教学经验，在与学生相处中，首先要将其明确为"人"，其次才是教育对象，不做出高高在上的威严姿态，与他们沟通时才能听到心里话，给教师提出有益的建议；解决问题时，不使用讽刺、挖苦、辱骂等体罚方法，要使班集体形成相互尊重、团结向上的班风。关心热爱学生，促使其形成乐观积极的人生态度。公平对待学生，"平等地对待平等，不平等地对待不平等"，不论学生的长相如何，成绩与家庭背景如何，教师都要一视同仁。

三、教师对集体的道德

每一个教师都是集体的一分子，要认识到没有集体的共同努力，教育任务就无法实现，个人也就无所谓成绩。因此，教师既要团结协作，相互尊重、信任，互帮互学，取长补短，共同进步，又要关心集体，充分发扬奉献精神，必要时牺牲个人利益，自觉维护集体利益。

四、教师对待家长及其他社会有关人员的道德

学生的成长受到学校、家庭、社会三方面的影响，教师无疑起着举足轻重的作用。其行为准则包括：

（一）教师应采取书信、电话、访问、家长会、联谊会等方式，主动与家长及其他有关人员取得联系，交流学生在校内外的信息，共同促进学生的进步；

（二）教师应热情接待学生家长的来访，认真听取他们对教育

工作的意见和建议；

（三）教师应劝阻家长体罚学生；

（四）教师不应利用师生关系向家长或有关人员索取私利。

适应时代要求　做创新型教师

　　创新是一个民族的灵魂，是一个国家兴旺发达的不竭动力。在二十一世纪这个经济、信息迅猛发展的时代，一个国家如果没有创新意识，很难屹立于世界强国之林。国家的富强关键之一在教育，而教育的关键又在教师，那么，怎样才能适应时代要求做创新型教师呢？我认为应从以下几方面进行。

一、做创新型教师必须更新教育观念

　　教育观念主要包括教育目的观、学习观、学生观、人才观等。教育观念具有时代性、发展性，不同的时代有不同的教育观。新教育观念包括以下几个方面。

　　（一）**教育目的观**。实施素质教育，全面贯彻党的教育方针，以培养学生的创新精神和实践能力为重点，树立造就"有理想、有道德、有文化、有纪律，德、智、体、美、劳全面发展的社会主义事业的建设者和接班人"。

　　（二）**教学观**。始终把学生放在主体位置，科学设计各教学环节，无论是课程导入还是课程进行当中，要充满情趣、富于变化，给学生留有充分想象的余地，启发学生去思考，打破传统的教学模式，建立融洽的师生双边合作关系。以学生为主体，铲除应试教育"满堂灌"的教学模式，解放学生的思维。

（三）学生观。在学生观方面，教师要做大的调整，重新给学生定位，不能单纯以分数将学生分类。事实上，那些对教师言听计从的"好学生"已经不符合时代发展的要求，新时代需要创新型人才，而那些所谓爱淘气、不听话的"坏"学生，很有可能就是将来的发明家、创造者。

（四）学习观。新学习观要求教师传授学生新学习方法，授人以渔，而不是授人以鱼。教师要引导学生自主学习，找到有效的学习方法，掌握一定的学习规律，引导学生去探究新知。

（五）人才观。现代人才观是培养适应 21 世纪需要的全方位的高素质人才，为此，教师应及时调整自己的人才观念，为社会培养出更多的有用之才。

二、做创新型教师必须更新知识体系

众所周知，终身学习是当今社会发展的必然趋势，一次性教育已经不能满足人们不断更新知识的需要。我们要逐渐建立和完善有利于终身学习的教育制度。现代教育要完成培养适应现代社会发展的人的任务，就需要教师有现代知识结构，并且要通过学习和实践不断调整知识结构，来适应科技和经济迅猛发展的新时代。这就要求每位教师要做到"一专多能"，并在教学中灵活运用。近两年，新教材已融入不少现代知识，诸如"基因工程""克隆羊""杂交水稻""生态平衡""纳米技术""信息通信技术"等，这些字眼让人感叹科技发展之快。近两年的中考中，综合题目的出现，充分体现了各学科之间内在的必然联系，这也要求教师要具有多方面的文化知识。因此，在信息技术广泛应用的二十一世纪，创新型教师要广通渠道，及时拓展知识面，并随时注意科技发展的新动向，不断武装自身，才不至于落伍，才能做到学生有"一杯水"而自己有"一桶水"，并且是"一桶不断更新的水"。正如苏联著名教育家苏霍姆林斯基说过的那样："教师所知道的知识，应当比他在课堂上要讲的知识多十倍、二十倍，以便能应对自如地掌握教学。到了课堂上，能从大量的事实中挑选出最重要的来讲。"

三、做创新型教师必须树立创新意识

教学创新，指教师在教学过程中，进行创新性教学设计，进行创新性自主学习指导，形成自己独特的教学风格。只有具有创新精神和创新能力的教师，才能培养出创新型人才，这就要求教师必须树立创新意识。

树立创新意识，要相信自己有创新潜能，要打破创新的神秘感，要有创新的自信和创新的意识，要敢于开拓思维、推陈出新，要不满足于现状，不墨守成规，要有追求卓越、追求更好的愿望。树立创新意识，就要善于质疑，善于用批评的眼光看问题，多问几个为什么，从多个角度、用多种方法思考问题，善于用与众不同的思维方式去认识问题。树立创新意识，还要对新生事物敏感，善于挖掘寻找其与众不同之处、新奇之处。对于熟视无睹的事物，要学会避开常人思维定式，扩大视野思考，就像用显微镜和放大镜去审视与发现。

四、做创新型教师必须学会创新思维

思维的方法多种多样，与创新关系密切的有发散思维、集中思维、假想思维等。

发散思维又叫扩散思维、求异思维，是指沿着不同方向、不受已知和现存的方式方法的约束，从已知信息中产生出大量变化的、

独特的新信息，探索多种解决问题方法的过程。

集中思维又称汇聚思维、求同思维，指从已知信息中寻求正确解答的一种有方向、有条理的思维过程。集中思维虽不产生创新的观念，但它却是直接提供创新成果的重要思维形式。

假设思维是指大量猜想甚至幻想，完全可以抛开严密的常识逻辑，打破陈规去设想事物的结果的一种思维方式。

常言道："只有人想不到的，没有人做不到的。"作为新世纪的教师，要及时收集各方面的资料，研究不同思维方法在不同情况下的使用，才能适应新世纪的要求，不断创新。

五、做创新型教师必须大胆探索新教法

做创新型教师，要不断挖掘教与学中各方面的因素，如教材中的创新因素、学生学习中的创新思维的火花，寻找发现教学中的矛盾现象，研究、分析、比较新旧方法的异同；也可从教学过程、教学方法、教学结果几个方面进行体验探究，发现体会较深的地方可反复进行体验领悟；也可换一个角度，从情感、道德感、美感几个方面进行体验研究，从不同角度进行品味体验，得到意想不到的效果。

二十一世纪，教无定法，新的教学方法众彩纷呈，大课题是"素质教育"，小课题有"成功教育""合作教育""赏识教育""探究式教学法""目标教学法""愉快教学法"等。以上种种教学方法都体现了以学生为主体、教师来主导的教学思想，尽量克服传统教学方法的弊端，调动学生学习的积极性、主动性，使学生在愉快的、积极的精神状态下主动地学习与探究，加强师生间信息的交流，发展思维、张扬个性、因势利导、因材施教，都是培养未来人才的可取之策。只要用心去发现，就会得到意想不到的惊喜。

总之，做创新型教师，要用创新的观念、创新的意识去指导教学工作，要把创新的教学思维渗透到教学一线，要大胆探索新的教学方法，为祖国培养一批新型的、适合现代化建设的、具有创新能力的二十一世纪高素质人才。

语文老师的素质

知识经济时代，是一个对教育既充满严峻的挑战又蕴含着无限发展机遇的时代，如何面对挑战与机遇，是每一位语文老师面临的新课题。

近段时间，学部开展系列推门听课活动，作为参与者与管理人员，我一连听了十来节语文课，并参加评课，生出了许多想法，归根到底，就是在思考语文教师如何提高整体素质。因为只有高质量的教师，才可能有高质量的教学。只有高素质的教师，才能有力地推动素质教育，提高语文教学质量。那么，应该怎样提高语文教师的整体素质呢？

一、提高认识，加强思想品德修养，坚定为振兴祖国的教育事业艰苦奋斗的信心与决心

随着经济时代的到来，教育的地位更加举足轻重。语文是基础教育中最基本的学科，因此，每一位语文老师都应明确肩上责任之重大，增强时代紧迫感和历史使命感，热爱祖国的教育事业，树立"立足三尺讲台，心系祖国未来发展"的远大抱负，认真贯彻执行党和国家制定的教育方针。

二、严谨治学，提高语文教学质量，争做一名"学者型"语文教师

随着"应试教育"向"素质教育"的转化，语文教学对语文教师的要求越来越高，像过去那样仅仅依靠几本教学参考资料，就能应付语文教学，甚至取得"较好"教学成绩的局面将不可能再现。在素质教育的新形势下，那些语文素质不高的语文教师会在教学中越来越显得捉襟见肘、底气不足、力不从心。因此，通过自修，提高语文教师的语文素质势在必行、刻不容缓。提高语文素质，一方面要养成良好的学习习惯，注重知识的积累，对已有几千年发展史的汉语言文化要有较深、较全面的了解，并关注新时期汉语言文化的发展趋势；另一方面要有较高的语文能力，包括书写能力、欣赏能力、口头表达能力等。当然，要做一名优秀的语文教师，知识面还应更宽一些，对其他专业的知识也要有不同程度的涉猎。只有这样，才能适应新形势下对语文教学的需要。

三、苦练教学基本功，提高业务水平，尽快实现由"经验型"向"科研型"语文教师的转变

作为一名语文教师，应深入钻研教材和教学大纲，明确教学目标，掌握一般的语文教学规律，苦练教学基本功，尽快积累一些先进的语文教学经验，提高教学业务水平。一名语文教师仅凭实践得出的经验去教学是远远不够的，因为这样很难适应不断变化发展的教学需要。语文教师应增强教研意识，提高教学能力。要进行教研，首先，要有大胆创新、勇于实践的胆魄和百折不挠的拼搏精神。教育本身就是一种创造，创造是教育的最高境界和最终目的。语文教师的创新意识不但能促进语文教学的发展，而且对学生创新能力的培养也起到潜移默化的作用。其次，进行教研还要具备一定

的教育理论水平，要阅读一些与语文教学相关的教育理论书籍，提高对语文教学的认识。最后，还要善于总结从实践中得出的教学经验，把它上升为理论，甚至做出哲学层次上的概括。

总而言之，只要每位语文教师都有意识地去提高自身的整体素质，更新观念，抓住机遇，大胆改革，锐意进取，那么尽管当前的语文教学中还存在着种种困境，诸多积弊，但最终会走上一条充满生机、健康、活泼的发展道路，从而大力推动素质教育的深入发展，迎接最严峻的世界性挑战。

全面提高中学教师的创新能力

　　众所周知，培养同现代化要求相适应的数以亿计的高素质劳动者和数以亿计的专门人才，实现民族整体素质的现代化是我国一项紧迫的教育任务。这就是说，中小学生实施素质教育迫在眉睫。而中小学教师的创新教育能力的高低直接影响素质教育的实施，因此，实施素质教育首先要求教师要具备多方面的素质，尤其是全面提高创新教育的能力。

　　创新教育是以培养学生创新素质为价值取向的新型教育。中小学教师在创新教育中的责任，就是要创设适宜学生创新素质的形成和提高的教育教学环境和有利条件。而在现实生活中，中小学教师在教育思想和教育观念方面，在教学方法和教学艺术方面等，都与创新型教育的要求存在不小的差距。

　　比如在教育思想和教育观念方面存在的问题。素质教育的核心是培养学生的创新精神和实践能力，全面地培养学生。而在实际教育中，一些中学教师在学生的培养模式上，忽视个性化的教育，只是想要把学生塑造成传统的理想人才，忽视学生的主观能动性。在教育观念上，一些中学教师对学生的创新意识和创新思想不太看重，在教学方式上只强调知识的统一化和结论的一致性，在教学方式上也非常程式化和固定化。在让学生写问题的答案时，有的教师要求学生把"标准答案"当作唯一的"圣经"，使学生养成一种惰性思维习惯，缺乏创新意识和自我提高的能力。在对学生学习成绩进行评价时，仍是传统的一套，有的教师还是以"分"为本，反映出教师对创新教育的内涵理解不透彻。

又如在教学方法方面存在的问题，一方面，部分教师认为备课就是备教科书，而不是按学生的实际情况去做，还有一部分教师只是从自己的教学计划出发，一贯不闻不问地教学，而没有及时地根据实际的反映去调整教学计划和安排；另一方面，教师在讲授方法上还是以灌输为主，不注重探索性和思考性。教师的教学只是使学生掌握知识，而没有让学生主动地、积极地去感知、运用知识，没有培养学生的创新能力。在课外活动的开展方面，一些教师做得也很不够。实践能力是在活动中形成和发展的，只有广泛开展活动课和社会实践课，让学生多动手、多动脑，才能培养创新能力。

另外，教师在教学工作中重教学、轻科研，不利于教育的开展和创新能力的提高。

针对以上这些问题，为了提高中学教师的创新能力，可以从以下几个方面进行培养。

一、品德教育的创新能力

中学教师应具有在德育内容管理、方法和机制方面的创新能力，根据时代特点对班级管理和学校德育体系的建立提出具有创新精神的好建议。

二、教学创新能力

全面推进素质教育，转变教育观念，选择教育新方法，运用具有首创精神的教学模式，提高学生的创新能力，适应时代和社会发展的需要，用新的信息、新的知识培养学生大胆创新、积极进取的精神。

三、教育教学手段的创新能力

运用现代化的教学设备和教育技术服务现代学生，例如运用多媒体技术、网络教学等来提高教师和学生的创新能力。

四、教研创新能力

重视教学科研，教学和科研相辅相成、互相促进，以德育科研为先导，以教学科研为核心，以现代教育手段的研究为推动力，全面推进创新教育纵深发展。

除了从上述几个方面去培养中学教师的创新能力外，还要重视寻找各种途径去提高中学教师的创新能力。

首先，中学教师要丰富创新知识，更新教育观念。教师要有广博的知识、强烈的求知欲，时时注重吸收新的知识，要知道终身学习的必要性。因为当今世界科技发展日新月异，知识过时的速度也在加快，教师作为知识的传播者和实践者，应把握一切机会自觉地学习、树立新的教育理念，加强专业技能的学习和提高，优化自己的知识结构，使自己具备创新素质，懂得创新方法。还要在"引进来，走出去"上下功夫。有关教育行政部门和学校要积极地拓宽渠道，牵线搭桥，让有能力、有成就的优秀教育能手、专家来自己的学校讲学、授课，提高本校教师的创新水平，便于形成良好的创新氛围；还可以让自己的教师"走出去"，考察、体验先进学校是如何做的，与他们进行交流，以取得共同发展。

中学教师要进一步转变传统观念，树立以学生发展为本的理念，确立学生主体性意识，建构民主、平等的教育观念，自觉开发学生的创新潜能。

其次，要打造创新的方式，夯实创新的基础。要培养教师良好的创新思维，就要打好创新思维的基础，养成好的习惯，鼓励标新立异，大胆创新，还要有多种创新思维。另外，创新的综合性也不可缺少，要有所继承，才能有所发展。不能割断传统，要取其精华，弃其糟粕。

最后，要塑造创新品质，注重个性的发挥。要树立正确的价值观、世界观，加强教师的师德师风建设，抓典型，促学习，培养教师爱岗敬业的精神，激发教师的创新热情，促进创新品质的养成，不断提高创新能力。在创新上也不要整齐划一，要智者见智，仁者见仁，使教师能充分发挥自己的个性，用自己的方法去创新。

总之，创新教育是一个新的教育模式，在其发展应用的过程中总会出现这样那样的问题，所以对创新教育的研究同样会是长期的、反复的，对中学教师创新能力的培养也是如此。

期待教育界同仁共同努力！

陶行知教育思想之启示

　　我国著名的教育家陶行知先生为黑暗的旧中国燃起了现代教育的曙光，他创立了"生活教育"理论，其主要精髓是"生活教育""社会即学校""教学做合一"等，成为教育界推崇、思考和借鉴的教育理论体系。

　　"要给学生一杯水，教师必须有一桶水。"教育思想、方针的贯彻，一代新人的培养，归根结底要依靠广大教师的教育教学实践，建设一支高素质高水平的教师队伍是关键。这支教师队伍要有较高的业务素质，教师应当精通所教学科的专业知识，并形成自己工作需要的知识结构，而且还要具有综合运用知识解决教育教学工作中各种实践问题的本领。在教学中，教师必须坚持以启发式教学为主，采取因材施教的教学方法，要深入钻研教材，掌握教材的体系及重点、难点，并了解学生在生活和学习中存在的问题，针对学生的具体情况，因势利导进行教学。要善于联系教材与学生的实际，提出富有启发性的问题，以激发学生的思考。同时，应想方设法调动学生的主动性，让学生动脑、动口、动手，给学生活动和思考的机会，做到像《学记》上所说的那样："道而弗牵，强而弗抑，开而弗达。"另外，教师既要注意学生的共同特点，又要注意学生的个别差异，从学生的实际出发，有的放矢地进行教学，使每个学生都能得到充分的发展。

要面向全体学生，注重学生"德、智、体、美、劳"等方面全面发展，教育学生学会做人。在基础教育阶段，要淡化选拔意识，不要求教师做伯乐，而要求教师当园丁。对每个学生都尽心尽职地培养，那么这些学生里面将来可能会出现"千里马"，这就起到了伯乐的作用。如果只是把少数人选拔出来，那就没有起到园丁的作用。所以，要创造一种适合学生的教育，而不是挑选适合教育的学生。要促进学生在德、智、体、美、劳等方面全面发展，目前存在的问题是，这一教育在实践过程中不到位、不落实，人们对德、体、美、劳等方面教育的社会作用还缺乏认识，对重智轻德、体、美、劳等问题的严重后果还缺乏认识。"知识就是力量"与"道德也是力量"同样重要。历史上诸葛亮、包公、文天祥，现代史上方志敏、周恩来，他们的人格力量至今仍激励我们爱国爱民、清正廉洁、忠于职守。

与此同时，要以育人为本，尤其是现代教育，"两耳不闻窗外事，一心只教案中书"是不行的，既要教书又要育人。要教学生学会做人，让学生从书本回到生活，用知识去适应、体验和实践生活，去解决实践中的所有问题，成为"活的人"，而不是"书呆子"，要"学以致用"。

让学生主动发展，培养学生的创造性。只有让学生主动发展，人才才会有多样性。龚自珍说过"不拘一格降人才"，没有主动发展，不培养学生的创造性，就不可能"不拘一格降人才"。只有主动发展，培养学生的创造性，将来的人才结构才能形成生动活泼的局面。正如陶行知先生在他临终前给育才学校全体学生的最后一封信中所说，"为科学创造而学习"。

总之，时代在发展，教育在发展，我们应汲取前人之精华，探索未来的科学教育理论，全面提高人的素质，把我国教育推向一个新的阶段。

把握教师的角色变化

　　角色，可以理解为一个人在社会群体中的身份以及与其身份相适应的行为规范。在社会生活中，每个人都属于一定的团体。在团体里，每个人都有一种身份，处于某一位置或分担一份责任，都有一定的行为规范去规定他应该做什么，不应该做什么。教师是学校专门从事教育教学活动的角色，这个角色的特殊身份以及与其相适应的行为规范，要求教师在其角色行为上表现出与其他职业不同的特点。

　　教育是一种培养人的活动，作为人才培养者，教师不仅要通过自己掌握的知识影响学生，还要通过自己的人格和道德的力量，通过自己的言传身教去影响和感染学生。面对新一轮的课程改革，教师的角色将从知识的"传授者"转为教学活动的组织者、引导者、合作者。

一、教师要实现角色的变化，首先要改变传统的教育观念

　　传统的课堂教学模式是以教授为中心，教师是课堂的主角，课堂教学始终以教师的活动为主线展开。学生是教师的配角，他们的作用就是附和教师的活动，在整个课堂处于一种被动的接受状态。

在这种教学模式下，学生缺乏学习的主动性，久而久之，他们对学习形成很强的依赖性。新的课程改革要求教师以人为本，呼唤人的主体精神。我们知道，学生既不是一个待灌的瓶，也不是一个无血无肉的物，而是一个活生生的有思想、有自主能力的人。教师要改变传统的教育观念，必须要有远大理想，积极参与教改，树立献身教育事业的人生观和价值观，弘扬师德。在当前形势下，中学教师应具备两种意识。首先是参与意识，教育改革已进入实质性的攻坚阶段，教师不能充当事外闲人，应当使出浑身解数，满怀信心地投入其中，以高素质、高水准赢得属于自己的一席之地。其次是奉献意识，教师常常与清贫画等号，不能这山望着那山高，要乐守清贫，要呕心沥血，要有"捧着一颗心来，不带半根草去"的牺牲精神、奉献精神。

二、教师要实现角色的变化，要有正确的学生观

学生是有个性和差异的，在人的发展潜能中，所有的学生都有自己的优势和弱势。教师要特别关注和了解学生在智力、情感、兴趣、生理、文化背景等方面存在的差异，要尽量为不同秉性的学生创造适合的发展空间，使学生的潜能和特长得到最大限度的开发。不要硬让学生变成教师想象的那个样子，要从不同角度、用多种尺子衡量学生，要允许学生犯错误，不能给一些有学习困难和有行为过失的学生随意贴上"笨学生"和"坏学生"的标签。未成年的学生不经一事不长一智，学生犯错误时，迫切需要的是理解和帮助，绝不是粗暴和惩罚，他们正是通过不断从错误中吸取教训而走向成熟的。教师要切实发挥指导者和领路人的作用，关注学生成长和发展的每一步，帮助学生发现自己，肯定自己，既鼓励冒尖，也允许暂时的落后。

三、教师要实现角色的变化，要不断更新教学方式、方法

随着信息时代的到来，信息技术的广泛应用使人们的生活方式、工作方式、学习方式、思维方式乃至教育理念发生了根本的变革，传统落后的教学思想、体制、方法和手段必将被淘汰，提高教学质量、改革教学方式方法迫在眉睫。课堂教学应是师生交往、积极主动、共同开发的过程，教师与学生分享彼此的思想、经验和知识，交流彼此的情感、体验和观念，丰富教学内容，求得新的发展，从而达成共识、共享、共进，实现教学相长和共同发展。在这个过程中，教师要将课堂"放"给学生，放心、放手地让学生提出问题，自主地设立教学目标，自主地寻求答案，自主地判断评价，教师只是起牵线搭桥的作用。有些教师在教学中常常害怕学生提不出有价值的问题或自己不能解决问题，所以总是"大包大揽"，用"满堂灌"代替学生的思考、提问和探究。我在教学中，常常有意识地把课堂放给学生，在学新课之前，让同学们预习。通过预习，学生提出读懂了什么，还有什么问题不明白，在书上画画圈圈。这有利于培养学生自主学习，又为合作、探究学习打下了基础。课堂上，对一些学生能自己解决的问题，可放心地放手让学生自己解决，教师参与其中，做"倾听者""发言者""评价者"，掌握动态，及时点拨。

四、教师要实现角色的转化，要建立新型的师生关系

教育的特点是教师尊重受教育者，师生建立起平等、自由、同情、关心、宽容、鼓励、帮助的关系。师生双方把对方作为一个真实完整的人而相互理解、尊重、支持、激励，接纳对方，产生真实的人格与精神的相遇相融。这样，师生间的交流就成为完整的真实的人格整体性的生成与超越，实现了真正的教育。这就意味着，教

师的职能不仅是传授知识，更多的是创造师生交往机会，使学生在师生关系中体验到平等、自由、民主、尊重、信任、同情、理解、宽宏，同时受到激励、鼓舞、指导，形成积极的人生态度与情感体验，受到精神的教育。

建立新型的师生关系，教师必须有爱。当一个好教师，最基本的一条就是拥有一颗爱学生的心，爱心是一种触及灵魂的教育过程，是照射和注入学生心田的明媚阳光和雨露甘泉，是高超的育人技能和育人艺术的完美结合。当教师把满腔的爱付诸学生，而学生又将他的爱回报给老师时，此时的教师该是何等的幸福。在师生共同努力下，创造出的平等、民主、和谐的教学情境氛围，必然使人乐而忘忧，如沐春风。

教师要自觉坚持教书育人

　　学校的教学教育目的是培养和造就社会主义事业合格的建设者和可靠的接班人，教师则是教育教学目标培养的具体执行者。在教育教学实践过程中，教师必须按照党和国家的教育方针，按照"三个面向"和培育"四有"新人的要求，认真自觉地坚持教书育人。那么，教师应该怎样自觉地坚持教书育人？

一、树立教育教学思想，端正教育教学态度

　　教学的教育性是客观规律，具有必然性，但要在正确方向上给学生以深刻影响，则是有条件的。教师被人们称为"人类灵魂的工程师"，肩负着培养社会主义接班人的神圣使命，教师的角色既是教育教学的实践者，也是社会主义建设者的培育人。教师在教育中应深入体察、挖掘学科内容中的思想因素，针对学生的实际，在知识教学中渗透、体现教育思想。教师的政治思想、道德观念和行为渗透于教育的全过程，对学生的世界观、人生观、价值观的形成和发展具有极其重要的指导作用。根据当前教育教学改革的需要，在教育教学思想上，教师必须具有使自己的施教活动服从于全体学生的全面发展的观念，使全体学生的智力得到发展，促进全体学生体

质、体能的发展，自觉协调好学科教学所渗透的思想道德品质教育，使之服务于学校德育教育的任务和学生优良个性的形成、发展。因此，教师必须树立教育思想，端正教学态度，具有坚定的政治方向，高尚的道德情操，科学的世界观、人生观、价值观，忠诚于人民的教育事业，全心全意为人民服务，具有献身精神和无私奉献精神，始终如一地坚持教书育人。只有这样，才能以灵魂塑造灵魂，以高尚塑造高尚，真正成为人类灵魂的工程师。

二、注意教书育人特点，提高教书育人实效

在教学中的"渗透性""陶冶性"是教书育人的突出特点。教师通过教书育人的各个环节，充分发挥课堂教学在思想道德教育中的主阵地和主渠道作用，增强课程的渗透性，让学生思想道德品质有全面的提高。树立起正确的世界观、人生观和价值观，使学生有爱国心、有责任感、有坚强的意志，从而达到道德的自律、思想的正化、情操的陶冶。例如，教师尽力挖掘教学内容本身蕴含的思想因素，并能在教育过程中正确体现出来，渗透科学世界观和方法论于知识教学之中。结合教学，恰到好处地联系实际；根据教学需要，组织学生参加实践活动，指导学生关心祖国的命运，热爱伟大的祖国。响应党的号召，紧密团结在党中央周围，奋发图强，立志献身于中国特色社会主义现代化建设事业。在教学的各个环节，实实在在地做到一丝不苟、严格要求，把各科各项学习训练的思想道德规范要求转化为全体学生的自觉行为。教师要以身作则，为人师表，只有先正己，才能正人。教师高尚的道德不仅能获得学生的敬佩，更能感染熏陶学生。教师要热爱教育事业，热爱学生，树立正确的教育观和人才观，通过自己的言传身教、模范行为，努力使自己成为学生道德修养方面的楷模，用自己良好的道德形象、人格力量去感化、教育学生，达到教育学生的目的，收到教书育人的实效。

三、以教书评价教育质量，以育人评价教师工作

学校的全盘工作是以教师教好书、育好人为目的，把教书育人作为评价教学质量、教师工作质量的一项重要内容，是非常必要的。育人具有整体性，是系统工程且见效相对缓慢。对教育的评价要具有系统性、整体性、全局性，评价时既要对每位教师教书育人的实际表现和效果进行评价，又要重视对教师的某些群体，如年级组、学科组或同一年级的任课老师近段时期教书育人的做法和成效进行评估，而且可以对教师的教书育人提出若干方面的具体要求以作评价标准。在全面推进素质教育的今天，对教育评价已呈发展趋势，对教师的评价应是多层次、多角度、全方位的。总之，教师应朝着总的教育目标，为祖国培养"四有"人才而积极主动、自觉地坚持着。

实施愉快教育　减轻学生负担

　　"愉快教育"就是一种从情感入手的人格教育。愉快教育体现了一种新的教育思想，是国家教委积极支持和推广的一项教改实验项目。它能充分调动学生的学习积极性，使学生在愉快和谐的气氛中进行学习，从而提高课堂教学效率，减轻学生的负担，让学生得到全面的发展。在教学中，如何实施愉快教育呢?

　　一、采用愉快教学手段，减轻学生身心负担

　　愉快教学强调"爱、美、兴趣、创造"，着眼于激发学生学习兴趣与创造欲望，使学生热爱学习。在课堂教学中，教师的职责在于用强烈的爱心和巧妙的方法去引发学生的这种求知欲望。教师对学生的爱是打开学生心灵的金钥匙，只有时时体现教师的爱，真正为学生创造一种乐学的环境，学生才能充满信心、朝气蓬勃、积极向上地学习，才能愉快地参与到知识形成的过程中去。

　　教师的情感和情绪会直接影响教学气氛和学生的情绪，进而影响学习效果。学生认为知识难学或自认学习不好，在心理上也会成为一种负担。在这种心态下学习，注定是学不好的。所以，在教学中要采取一定的措施，促使学生保持高昂的情绪，树立坚定的信心。比如，向学生提出要求时，要使学生感到亲切和友善，才易于让他们接受。即使某些学生在课堂上有违反纪律的现象，教师也应用适当的表情、动作和善意的提醒去代替生硬的批评。

二、树立信心，克服羞涩与胆怯，减轻学生心理负担

教学中应注重培养学生善于与人交往、合群的个性，让学生懂得如何与人交往、礼貌待人。教师应创造机会，让学生多参与公众场合的活动，锻炼胆量。比如，每个学生值日时，在课堂上必须用英语向老师作值日报告。教师经常让学生登台表演英语对话，增强人人学好英语的信心，消除他们的自卑心理。教师可利用各种电教媒体设计出多种答题的情境，如学生问学生答、老师问学生答、记者采访、抢答等多种形式，使人人有话说，人人都敢说，人人都能说。还可以开展丰富多彩的课外活动，如采用英语单词接龙、朗读比赛、唱英语歌等形式，激发学生的参与意识。结合各自的特长，发挥优势表现自己，让学生觉得用所学的英语进行简单的交际不是很困难，通过努力也能够做到。教师要善于发现学生的点滴进步，捕捉其闪光点并予以表扬鼓励，增强学生的自信，帮助他们树立信心，从而战胜胆怯、克服羞涩。

三、课堂达标，减轻学生课外负担

当堂达标，就是教师充分利用有限的四十五分钟，使学生在课堂四十五分钟内轻松、愉快地接受知识，这就要求教师在教学方法上采取有效措施和科学艺术手段。如启发式、直观教学和以动脑、动手为主的实践性教学，让学生多参与。上课时要求学生做到两勤（勤思考、勤做笔记），不挤占课余时间，不搞题海，不用作业压学生。在提高单位时间的效率上下功夫，让学生学好、学活。另外，教师在备课时注重备教法。在教学中，重要的不是你在课堂上讲了

多少，而是学生听懂了多少，学会了多少，这样才能真正达到减轻学生课外负担的目标。

四、精讲活练，减轻学生的课后负担

以教师为主导、学生为主体、思维为主线、讲练结合为方法，以大面积提高教学质量为目的，这是现代教育理论的精髓。精讲活练就是要求教师在理解和处理教材的创造性活动中，把复杂、困难的问题变成简单、容易的问题。在讲解教材的过程中，教师可采用灵活多样的练习方法，去发展学生的思维，提高学生的能力。

在每节课的备课中，教师要认真地查阅大量资料，根据教学内容精心设计教案。在教学过程中，采取多种练习方法，促进学生对知识的掌握。对于课文难度较大的重要内容，设计几个问题提出来，以便集中学生的注意力，然后教师边巡视，边让成绩较好的同学回答；对于某些难度较小的内容，可指导学生阅读课本内容，发现问题、提出问题，学生相互讨论、相互问答，最后教师归纳总结。课后，为巩固强化所学知识，可设计一些作业题让学生当场完成。

运用愉快教学法进行课堂教学，减轻了学生的负担，提高了学生的学习兴趣，使学生的各种能力得到了发展，教师的教学质量也得到了相应的提高。

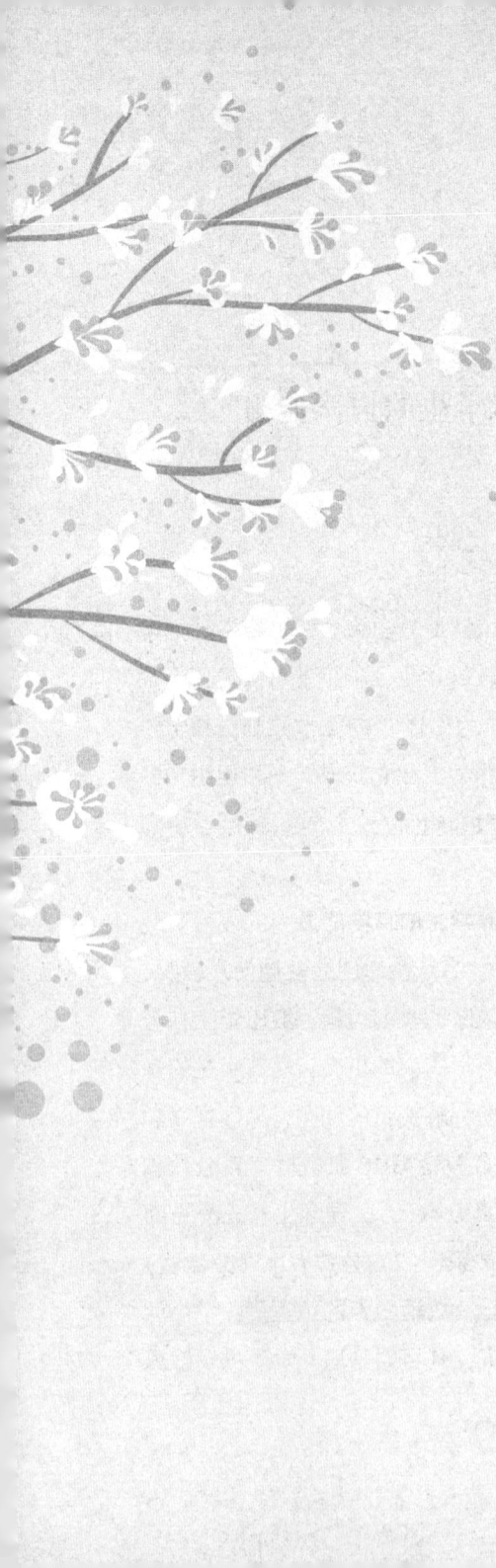

第三章

论文篇

莫笑文风旷古今，

三千立论又馨名。

青山不老枝枝翠，

百凤朝阳入画屏。

在数学教学中培养学生的自学能力

吕叔湘先生说："教学，教学，就是教学生学，主要不是把现成知识教给学生，而是把学习方法教给学生，学生就可以受用一辈子。"这一论断充分体现了"以学生为主体"的教学原则。教学要走可持续发展之路，就必须加强培养学生独立获取知识和运用知识的能力。那么，在数学课堂教学中教师如何授之以渔，提高学生的自学能力呢？

一、充分利用思考练习题，培养学生的自学能力

兴趣是最好的老师。在课堂教学中，教师创造性地使用教材，充分利用思考练习题，可激发学生浓厚的学习兴趣，突出学生在教学过程中的主体地位，给学生提供自学探究的机会，培养学生的探索意识，引导学生运用所学知识处理和解决新的问题，从而提高学生的自学能力。例如，教学九年义务教育第 10 册教材"真分数和假分数"一节内容时，首先教学"真分数"，引导学生从三个方面进行理解：（1）分子与分母的大小关系；（2）分数大小（分数值）和单位"1"的关系；（3）在直线上（数轴）点的位置。让学生从不同的角度理解真分数的意义、特征，其目的是培养学生的发散思

维，提高学生分析问题、解决问题的能力。然后让学生根据分析的特点找出"做一做"第1题中哪些是真分数，并用直线上的点表示出来（做一做第2题）。这时教师问：第1题中除了真分数，剩下的是什么分数呢？在直线上怎样表示呢？通过对这两题的巧妙运用，既是真分数教学的反馈，又是探索假分数教学的开始。因为学生找出真分数之后，剩下的无疑就是假分数了。假分数有何意义、特征呢？与真分数相比有什么不同呢？放手让学生自学假分数，运用学习真分数的方法，通过观察、比较、归纳，总结出假分数的意义、特征。这样，让学生结合思考练习题，运用已有知识基础去探究和解决与旧知识联系起来的新知识、新问题，不仅让学生学到了知识，更突出了学生获取知识的思维过程，符合学生认知规律，也是提高学生自学能力的重要方法。

二、合理重组教材，培养自学能力

现代教学论认为，教师在课程实施过程中发挥着关键的作用。而好的课程实施不是原原本本地将大纲和教材的内容表现出来，而是需要教师创造性地使用教材。教师通过不断挖掘教材的创造性因素，结合学生实际和教学要求，对教材的内容、结构和方法进行适当的调整，重新组合，开展教学活动，有助于学生自主学习能力的培养。比如，教学正比例和反比例时，把它们放在同一时空进行对比性教学，先让学生通过比较，从理性上掌握正比例和反比例的性质、特点及其区别，然后让学生运用生活中的具体事例举证，说明哪些属于正比例，哪些是反比例，且说出理由。通过这样教学，既让学生感受到数学知识与现实生活的密切关系，增强学习数学的兴趣，又让学生在寻找具体事例、阐述理由的过程中提高自学能力。

三、教给学习方法，培养自学能力

数学知识的系统性很强，往往后续学习的知识是前期学习知识的发展和加深。如果教师在教学过程中，注重对学生进行学法指导，让学生掌握必要的学习方法，那么后面相关知识的教学就会收到事半功倍的效果。比如，教学平行四边形的面积计算方法时，引导学生用割补法把平行四边形转换为长方形（长方形的面积计算方法已学过），从而获得平行四边形面积的计算方法。这时告诉学生，把一种图形通过割补，使其转化为另一种图形而面积不变的方法称为"等积变形法"，这是一种学习新知识解题时常用的重要方法。以后在教学三角形、梯形、组合图形等的面积计算方法时，可以引导学生运用"等积变形法"，自己去探索学习，获取新知识，提高自学能力。

总之，只要教师认真钻研大纲，创造性地使用教材，始终突出学生在课堂教学中的主体地位，加强学法指导，学生的自学能力就会逐渐得到培养并不断提高。

新课程标准下的数学教学

在新课程标准下，教师要从传统的角色中走出来，不仅需要从教育教学的规律出发，给自己的工作和作用定位，而且需要了解社会对教师职业的新期待，进而形成新的教育教学行为。本文就教师如何组织数学教材，创设问题情境，激发学生求知欲望，从而引导学生主动探索、积极思维、独立解决问题，谈几点本人的做法。

一、感"亲"

如果学生感到所学知识与自己所处的环境相近，与自己喜欢的甚至是爱好的事情相近，那么他们会感到知识对他们有种亲切感，唤起心灵的认同，激发学习的愉快感，知识也就自然地被接受下来。例如，对于课本中的一些过时的、乏味的例子，可以改变问题情境，创设成学生身边的或所熟悉的问题，拉近学生的心理距离，让学生有一种亲切感，这样知识就容易被接受了。

二、以趣味性材料来创设问题情境

在数学教学中，借助趣味性材料（故事、谜语等），可以使学生不由自主地走进数学内容的情境，从而积极地主动思考，寻求解决的方法，有利于学生主动参与，提高学生对数学内容的理解。例如，在"平方根"教学中，引进古希腊毕达哥拉斯学派希伯斯发现无理数的故事来创设情境。

三、分步设置问题情境

注意问题的有序性，使学生在问题情境中拾级而上，步步登高。一堂课为了解决一个大问题，教师要根据学生的实际，遵循"循序渐进"的原则，将学生身上存在的问题解剖成一个个有序的小问题，通过这些小问题的解决，引导学生一步步地向大问题靠近，直到解决大问题。在教学中，教师要兼顾学习好、中、差的学生，有针对性地提出问题，并在具体的教学实施中不断地调节分步设置问题的间距，使教师的教学过程与学生的思维认知过程相一致。

四、运用变式重置问题情境

注意问题情境的新颖性，才能吸引学生去学习。教师创设的问题情境缺乏新颖性，是数学教学缺乏生机的一个重要原因。这就要求教师精心地重组知识，而不是从死记硬背的角度，让学生进行重复记忆。我们经常责怪学生考试记不住，一算就错，实际上是学生不会演变和识别知识，重复的最好办法是演变和变式。对于重要的问题、重点的知识，讲一遍、练一遍是不够的，还要有一个巩固练习的过程。教师要通过新的问题情境的创设，使学生识别出新情境下的问题模式，识别出问题的实质，从而达到对知识的理解和内化，提高解决问题的能力。需要注意的是，不能用增加练习的次数来代替数学变式的训练。

五、开放设置问题情境

数学教学中的开放性问题能够引起学生探索问题的兴趣，提高学生深层次的思维能力，培养学生在解决问题中的开放性和创造性思维。而且重要的一点是，开放性问题有助于学生学习态度与情感的培养，即开放性问题有助于培养学生独立思考的意识、探索真理的勇气，敢于改造、敢于发现，不墨守成规，不固执己见。在这个过程中也会潜移默化地培养学生的主动参与精神与交流协作能力。

例如"二次函数"一章中有一题：已知二次函数 $y = ax^2 + bx + c$ 图像过点 A $(0, a)$，B $(1, -2)$，$\boxed{\text{且最值为} -3}$。

求证：这个二次函数图像的对称轴是直线 $x = 2$。

这是一个常见的代数证明题。现改变问题情境：若矩形框中的条件被墨水污染无法辨认，问：（1）根据现在的信息，你能否求出题目中二次函数解析式？若能，写出求解过程；若不能，说明理由。（2）请你根据已有信息，在原题的矩形框内，增加一个适当的条件，把原题补充完整。

解：（1）二次函数 $y = ax^2 + bx + c$ 图像过点 A $(0, a)$，B $(1, 2)$，

$a = c$

$-2 = a + b + c$

又二次函数图像的对称轴为直线 $x = 2$

$\therefore -\dfrac{b}{2a} = 2$

解方程组 $\begin{cases} a = c \\ a + b + c = -2 \\ -\dfrac{b}{2a} = 2 \end{cases}$ 得 $\begin{cases} a = 1 \\ b = -4 \\ c = 1 \end{cases}$

所求函数解析式为：$y = x^2 + 4x + 1$

（2）可供补充的条件有（选其一即可）：

①满足函数解析式的任一点的坐标；

②$a=1$ 或 $b=-4$ 或 $c=1$；

③顶点坐标为（2，3）；

④$b^2-4ac=12$；

⑤5y 轴交点坐标为（0，1）；

⑥与 x 轴交点坐标为（2-$\sqrt{3}$，0）或（2+$\sqrt{3}$，0）等。

　　本题是一道补充已知条件的开放性题型，别致新颖，可以让学生开展讨论、相互协作、相互补充，使学生在饶有兴趣的尝试探索中，发展思维的发散性和有序性。在课堂教学中，要多给学生留思考的空间，设法激活学生的思维，提高课堂思维浓度。

　　此外，教师在实际教学和问题设计中，有时要转换到学生的认识角度上进行思考，用著名特级教师周学祁的话来说，就是教师要进行"稚化"。因有些问题对一些学生来说根本就不成问题，但对另一些学生来说就成了问题。为了减少新情境下的问题，对原问题结论的反思性思考是教学中解决问题不可忽视的一个方法。让学生学会总结和回顾，在对原问题解决中发现自己还有意外的收获。养成这样的学习习惯，有利于学生健全知识结构，完善数学思维。

　　教师要认识到，知识并不能简单地由教师或其他人传授给学生，只能由每个学生依据自己已有的知识和生活经验主动地加以建构。在数学教学中，教师的角色应该是一个组织者、引导者、合作者，与学生一起通过探索、经历、交流来获取数学知识。所以，在教学中应多设计一些"做一做""试一试""议一议""猜一猜"的题目，给每一个学生提供充分探索和交流的空间，让学生通过自己动手、动脑主动地获取知识。

公开课的评定

　　最近一段时间，学部组织各学科开展了批量的公开课活动，课后的评课是教育教学的重要环节。评课教师各执一词，公说公有理，婆说理不亏，好像没有一个统一的标准。我思来想去，逐渐形成了自己的认知，说出来供大家参考。

　　一堂完整的公开课，需要经过说课、听课、评课等一系列活动。在教学研究中，把说课、听课、评课一体化，有利于敦促教师认真研究大纲、研究教材、研究学生、研究教法和学法，从中吸取有益成分，按照教学规律，更好地搞好教学工作，达到相互学习、取长补短、共同提高的目的。因此，公开课不但应当是优质的，更应当具有实用性，它的作用不可低估。

　　但是，在评选公开课的过程中，某些现象并非本着优质实用的原则。如某校的一次公开课活动，搞公开课优质评选。任课教师写好教案，然后由小组讨论，再多次说课修改，才打印出来，听课者每人一份。观其教案，比特级教师专门为入门者编的教案还要详细，每一小步骤多少分钟，针对哪一点提一个怎样的启发式问题，提问哪一名学生，自己在教学中使用哪些语言，无一不在教案上。

一篇教案，竟比课文的篇幅还要长。到具体讲课时，教师有条不紊地依照教案，从头到尾进行讲述，大部分听课教师则逐字逐句像听报告一样阅读教案，看任课教师是否完全按照教案的步骤进行教学。

课后，教师喊累，总担心哪一句、哪一点、哪一个教态没有按教案上的讲，由于教案篇幅较长，内容繁杂，一些地方难免遗忘，必要时还得手捧教案。

另外，某些公开课评选总是要求教师备好教案，讲课时最好不看教案，又得严格按教案授课，于是教师在教学中展示的往往是背的功夫。教态受了影响，双边活动失其声色。因为教师的精力更多的是要注意吻合教案，难以依照具体的环境进行教学，因此教学效果最终也不够理想。这样的教案用去的人力太多，而在具体的教学中实用价值也不太大，只能作为一种如何写教案的探讨。众所周知，教师备课的时间是有限的，每天均有新的内容要讲授，不可能每一课都这样备，更不可能把教案当台词。即使讲课成功了，也是偶然，它呈现出来的纯属机械式教学。

我认为这样做有欠妥当，违背了实事求是的教学原则，不能反映真实的教学水平，既达不到观摩效果，也没有具体指导意义，只是流于形式而已。

那么，怎样扭转没有具体指导意义而流于形式的公开课现象呢？

一、按常规的情况备课

详细的备课当然是上好课的前提，但要注意备课的基本要求。

评课不应以教案为主要标准，而应看教学效果。"不管是黑猫白猫，能捉老鼠就是好猫。"除此之外，还要看教学过程中各环节设计的客观性、规律性、真实性和可接受性。教案只是一个讲课的框架，绝不是不变的经典。

二、必须从教师的教与学生的学两个方面来进行

（一）评价课堂教学是否体现了艺术美。教师在课堂教学活动中是否借助了自己的灵魂美与智慧学识，充分展示了语言感人的美、色彩搭配的美、结构合理的美、教具制作的美、旋律优雅的美、板书设计的美等。通过各种艺术手段去创设美的情景，完成美的印象，使学生感到学习是一种享受与快乐，从而产生热情奋进的兴趣，使课堂充满积极、主动、民主的学习氛围，减少那种背教案上课的机械式教学。

（二）评价教学结构是否体现了"四个结合""四个为主"。"四个结合"即教师主导作用与学生主体作用有机结合、探究知识与培养能力的有机结合、智能教育与渗透情感有机结合、发展智力与养成教育有机结合。

"四个为主"即激发学生学习兴趣为主、激励学生主动参与为主、引导学生自学探讨为主、指导学生实践操作为主。

（三）评价教学过程是否体现"授之以渔"的特点。古人曰："授之以鱼，仅供一饭之需；授之以渔，则终身受用无穷。"又曰："师者，所以传道授业解惑也。"教师在课堂上积极启发，点拨思维，能让学生在获取智力知识的同时，掌握一定的学习方法。

（四）评价教学活动是否遵循"面向全体学生，因材施教"的原则。评价教师在课堂设疑、探究讨论、练习安排及作业布置的各项活动中是否对不同层次的学生进行了分层教学，给不同层次的学生进行不同层次的辅导，提出不同层次的要求。

三、做好详细的课堂实录

完整的课堂实录必须记录授课人是谁、授课的班级、班级的学生状况、授课内容、教学环节及时间的利用，教师授课所采用的教学方法，本课的重点、难点及解决方法，课堂气氛及双边活动的安排，教学效果的优劣等。作为教师听课，不能像学生听课那样，不是为了掌握知识、技能、技巧，而是为了提高任课教师的教学能力，听课教师要对任课教师作出评价，提出指导性建议。所以，在听课时，教师要做好翔实的课堂实录，并把它作为评优的主要标准。

四、严格把握评优标准，注重上课的效果

评课时，同一教研组听课的教师应尽量参加评审活动。评审时，要公正、客观，不要因为碍于情面而"我没有什么好说的，我想说的他们都说了"，这是评审教师对工作的消极态度的表现。

总而言之，公开课的开展有利于提高教师的教学技能和教学艺术。在公开课开展的同时，我们必须遵循求真、务实、与时俱进的原则，为搞好教学、促进教学发展贡献力量。

数学教学中学生创新能力的培养

培养学生的创新能力是《九年义务教育初中数学教学大纲》中明确提出来的。如何培养学生的创新能力，我结合自己的学习、教学和教研的体会，谈几点看法。

一、运用现代教育技术

数学的内容是非常枯燥的，传统的一支粉笔、一块黑板的现状是难以进一步激发学生求知欲望的。运用 CAL 技术则可以改变这一现状。在 CAL 技术中采用旋转、平移、缩放、动画等功能，给学生以实感、美感，变抽象、枯燥的教学为形象、直观的教学，增大了课堂教学的容量，生动直观地展示了知识的发生过程，学生更乐于接受。例如，在导入"三角形三边关系"一课时，可拖动三条长短不同的线段，使之部分能组成三角形，部分不能组成三角形，从而引发疑问：满足什么条件的三条线段才能组成三角形呢？又如，在证明"三角形两边之和大于第三边"的结论时也可以设计动画，"找寻最佳路径"，小明回家走线段、折线、曲线，哪种路线最近？使学生很快联想到采用"两点之间，线段最短"的公理来证明，从而让学生自己发现问题，自己解决，学得轻松有趣。

同时，教师还可以让学生参与设计、制作课件，接触高新技术，提高实践能力，更有益于创新意识的培养。

二、引导观察，在讨论中找规律

有些数学问题往往具有自己的特殊结构，通过引导学生观察，就会发现问题的结构特征。但观察的深度不同，显露出的思维层次也不同。这种思维层次可让学生自己设计，促使学生思维跳跃性的形成，从而达到培养思维的独创性的目的。

例，观察下列各式，你会发现什么规律？

$3 \times 5 = 15$ 而 $15 = 4^2 - 1$

$5 \times 7 = 35$ 而 $35 = 6^2 - 1$

$11 \times 13 = 143$ 而 $143 = 12^2 - 1$

将你猜想的规律用只有一个字母的式子表示出来_____。

学生不难发现：3×5，5×7……11×13 是两个连续的奇数相乘，而他们的积是某数的平方与 1 的差。比较 3、5、4，5、7、6……11、13、12，不难发现 4 是 3 和 5 之间的偶数，从而得到：$(2n-1)(2n+1) = (2n)^2 - 1$。反思其结论的表达式，正是平方差公式。对任何这样的数都是成立的，此时学生的心情愉快，兴趣盎然，思路开阔。

三、启迪联想，在优化习题解法中设计思维层次

联想出妙解。联想的角度不同，解题思路也各异。我们可优化习题解法，设计不同的思维层次，以培养学生思维的灵活性。

例：化简求值：$\dfrac{a+\sqrt{ab}}{\sqrt{ab}+b} + \dfrac{\sqrt{ab}-b}{a-\sqrt{ab}}$

其中 $a = 2+\sqrt{3}$，$b = 2-\sqrt{3}$.

这是一道源于课本的中考试题，它要求对二次根式进行化简求值，其难度不大，但多数学生在化简时容易出错。此时，教师启迪学生联想：题设中 $a=2+\sqrt{3}$ 和 $b=2-\sqrt{3}$ 隐含着 a 与 b 之间有怎样的关系？这样学生不难得到：$ab=1$，$a+b=4$，$\sqrt{ab}=1$，于是问题可打破常规，得到以下几种较优的解法，显出不同的思维层次。

（1）原式 $=\dfrac{a+1}{1+b}+\dfrac{1-b}{a-1}=\dfrac{(a^2-1)}{(1+b)}\dfrac{(1-b^2)}{(a-1)}=\dfrac{a^2-b^2}{a-1+ab-b}=a+b=4$

（2）原式 $=\dfrac{a+1}{1+b}+\dfrac{1-b}{a-1}=\dfrac{a+1}{1+\dfrac{1}{a}}=\dfrac{1-\dfrac{1}{a}}{a-1}=a+b=4$

（3）原式 $=\dfrac{a+1}{1+b}+\dfrac{1-b}{a-1}=\dfrac{a+ab}{1+b}=\dfrac{ab-b}{a-1}=a+b=4$

显然（2）比较简便。数学问题往往有多种途径，学生可选用较优的一种去解。

实践证明，在实施目标教学与评价的过程中，周密设计思维层次的教学，能有效地培养学生的创新思维，有助于智能目标的落实及思维品质的优化，从而全面提高学生的综合素质。

让学生认识数学的实用价值

数学作为人类认识世界过程中思维活动与外界事物相互作用而产生的一种特殊中介物，在当代社会中被运用得越来越广泛，它是人们参加社会生活、从事生产劳动和学习、研究现代科学技术必不可少的工具，它的内容、思想、方法和语言已广泛渗入自然科学和社会科学，成为现代文化的重要组成部分。

数学的运用小至日常生活中的衣食住行（如购物中的折扣、买卖中的利润、储蓄中的利息），大到工作决策乃至航海、航空（如轮船的制造、飞机的航程等），正因如此，数学教育就应该让学生懂得数学是来源于现实而又能应用于现实的一门学科。然而，数学教育的现状并没有达到这一目的。尽管孩子们一入学就开始学习数学，但直到毕业，他们大都是在为考试而做数学题，很少意识到数学的用处，更没有自觉应用数学知识解决实际问题。

基于此，九年义务教育中学数学教学大纲明确提出，"要使学生学好当代社会中每一个公民适应日常生活、参加生产和进一步学习所必需的代数、几何的基础知识，使他能够运用所学知识，解决简单的实际问题，并逐步培养和形成数学创新意识"；教学中"要坚持理论联系实际，增强学生用数学的意识"；"要引导学生接触自然，了解社会，鼓励他们积极参加形式多样的实践活动"。因此，要大力研究一些可行性措施，切实落实大纲要求，促进学生加强对数学知识的运用，培养他们解决实际问题的能力。

（一）提高教师自身对数学实用价值的认识，增加对数学具体事例的了解。教师自身不具备应用数学的意识和能力，就不可能有效地培养学生的数学运用素质。因此，教师自身要从报刊、生活及生产中收集素材，逐渐积累一些真正的实际问题。

（二）在具体教学中贯彻理论联系实际的原则，务必多从实际事例出发，再回到实际中加以应用。比如列方程解应用题教学，一方面要使教材上的应用题在学生头脑中与实际形象相互关联，而不是忽视背景，匆忙列出方程；另一方面，要多找机会，走出教室，到工地、生活中找题材，寻数据，编成学生较为熟悉的数学问题，这样的教学效果无疑会更好。

（三）循序渐进地培养学生用数学眼光去思考现实中的问题，形成自觉应用数学的意识。比如，同学们到离校 154 米的虎头岩春游，先遣队和大队同时出发，先遣队行进速度是大队的 1.2 倍，以便提前半小时到达目的地做准备工作，问先遣队与大队的速度各是多少？用数学的眼光看待这一来自生活中的问题容易激发学生的兴趣。像这样学生在周围遇到的数学问题，能让学生认识到数学的实用价值，对培养学生应用数学的意识和能力都是极为有益的。

当然，让学生认识数学的实用价值，培养学生应用数学的意识和能力是数学教育自始至终的一项任务，这要靠长久的努力，要在数学教学中根据学生年龄特点不断深化，逐步发展。

从几何基本图形到添加辅助线教学

初中几何中，在解几何题时往往需要添加辅助线。添加辅助线是解决数学问题，尤其是几何问题的重要思想方法，它同代数中引入参数（包括换元、设未知数等）是同一思想。解几何题为什么有时要添加辅助线呢？因为有的几何题中的题设条件隐含或所给图形比较分散，不利于得出题目的结论，需要添加辅助线才能顺利得出。

添加辅助线要依据几何基本图形，正确而灵活地识别几何基本图形是解几何题的前提和基础。那么何谓几何基本图形呢？所谓几何基本图形是指可以直接运用几何定理的图形，即可用几何定理的图形表示。如等腰三角形、直角三角形、平行四边形、圆以及表示这些图形性质的有关图形。掌握基本图形的同时，还要记住常见基本图形的构造添线方法，如角平分线添垂线或平行线构造等腰三角形，延长三角形一边上的中线构造全等三角形，在梯形中作一腰的平行线构造平行四边形，在线段的中点添线构造三角形（或梯形）的中位线，两圆相交添共同弦，两圆相切添公切线，见直径添出所对的圆周角，见切线添过切点的直径等。并且对常见的重要的基本图形要做到见图形就能说出性质，见条件就能画出图形。这样，在证明几何图形时就能左右逢源，补全和构造基本图形。

解几何题时，要有构造基本图形的强烈意识。添加辅助线，构造或补全基本图形是以认真分析题设条件和所绘图形性质为基础的，要把握好添加辅助线构造基本图形，实现由未知到已知的转化时机。解几何题时经常出现的三种情况。

1. 当题中给出的条件不在同一个基本图形中时，则需添加辅助线，把分散的已知的几何元素（边、角）相对集中起来，从而利用基本图形的性质来完成证明（如图1所示）。

在 $\triangle ABC$ 中，AD 平分 $\angle BAC$

$AB+BD=AC$

求证：$\angle B：\angle C=2：1$

分析：在图1中，因为所给出的条件 $AB+BD=AC$，分散在两个三角形中，与 AD 是角平分线的条件没有直接联系。此时就需添加辅助线来构造基本图形。从 AD 平分 $<BAC$ 出发，根据 $AB+BD=AC$，可延长 AB 到 E，使 $BE=BD$，连接 ED。这样就构造了一对全等三角形（$\triangle AED \cong \triangle ACD$）和等腰三角形（$\triangle BDE$），把已知条件集中了起来，很快可证明 $\angle B：\angle C=2：1$。（证明过程略）

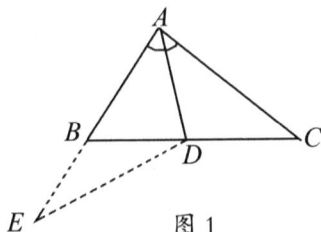

图1

2. 当题中虽有基本图形，但所绘的条件不能从这图形中求证出结论，此时需添加辅助线，构造新的基本图形，使题中的隐含条件明朗化。如图 2 所示，梯形 $ABCD$ 中，$AD // BC$，$BC = 3AD$，E 为腰 AB 上的一点，若 $CE \perp AB$，$BE = 3AE$，$AB = CD$，求 $\angle B$。

分析：$\angle B$ 虽在 $Rt\triangle EBC$ 中，但不能直接求出 $\angle B$ 的度数，考虑到梯形的常用辅助线，延长 BA、CD 交于点 F，如图 2 所示，从而构造了等腰三角形 $\triangle FBC$，从而揭示了条件 $CE \perp AB$，$BE = 3AE$ 在题中的使用，显然易证 $\triangle EBC$ 为等边三角形。（证明过程略）

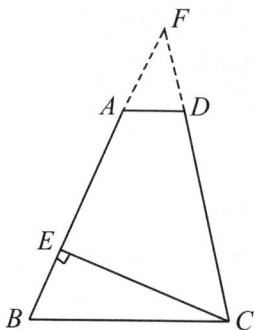

图 2

3. 当题中没有可供选用的基本图形时，应根据已知条件联想常见的基本图形，顺藤摸瓜，添出辅助线，及时构造出所需的基本图形。如图 3，$\odot O_1$ 和 $\odot O_2$ 相交于 A、B 两点，经过 A 点的直线分别交 $\odot O_1$，$\odot O_2$ 于 C、D 两点（C、D 不与 B 点重合）。连接 BD，过 C 作 BD 的平行线交 $\odot O_1$ 于点 E，连接 BE，求证：BE 是 $\odot O_2$ 的切线。

分析：要证明 BE 为 $\odot O_2$ 的切线，联想基本图形，需添出过 B 点的直径 BF，且要证 $BF \perp BE$，则就需构造直角，从两圆相交和圆的直径联想基本图形——直径上的圆周角是直角，自然可添出公共弦，且连接 AF，这样，根据题中已知条件，联想常见的基本图形，

就自然地构造出三个基本图形，方便地获得了本题的证法。（证明过程略）

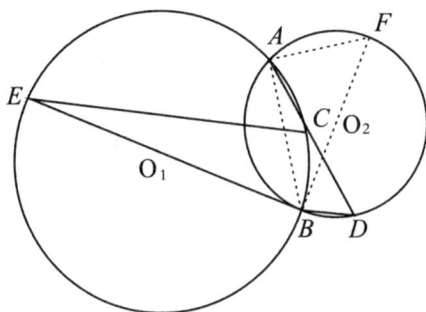

图 3

总之，为了能够熟练地解几何图形，应当熟悉基本图形，以便快速地添加辅助线，构造基本图形。

初中学生数学品质教学研究

"教师是人类灵魂的工程师。"这工程师不仅要教好书，还要育好人，而育人的关键是进行思想教育与品质培养。学校是教育教学的重要阵地，思想教育与品质培养是学校教育教学的重要内容，数学是学校教育教学的重要学科，也是学生思维深层次训练的重要学科，所以说，数学教学是进行思想教育与品质培养的重要学科。

数学品质反映着数学思维的特性。数学教学中所说的培养、提高学生的思维品质，也就是培养、提高学生的数学思维品质。数学思维品质主要表现在思维的连续性、概括性、严密性、准确性、敏捷性、活跃性。为了"教好书，同时还要育好人"，数学教育与教学工作者就应该从这几个方面着手研究，进行教学。

一、培养学生思维的连续性、概括性

数学具有很强的连续性是数学本身的一个重要特性。由于受传统教学模式的影响，致使个别学生学习数学知识时只善于记结论、公式，华罗庚教授把这种现象喻为：只把做好的饭菜拿出来，而没有做饭菜的过程。就像一个故事一样，只有一个好结局是不能引起听众兴趣的，也不能促进学生思维的发展。我们知道，数学学习过程是不能间断的，若缺一节课或少一个内容，必须补上，否则，接着往下学习难度非常大，或者跟不上进度。即便经过一段时间的努力勉强跟上，也是非常困难的。数学知识是一环扣一环的，条理分明，且具有很强的连续性。例如，在义务教育《几何》第1册（人教版）中先有直线，后有平面，再后是异面直线，如果你缺了一节内容想接着往下学习是行不通的。这就是说，数学学习必须连续进行，才能有助于培养学生思维的连续性，使学生对学过的知识进行加工、整理，形成自己的系统，从而更深刻地理解和掌握学过的数学知识。这既是使学生学好数学知识的一个重要环节，又是培养学生良好思维习惯的好办法。

概括性是数学思维的又一个重要特性。这一观点三国时期的魏国数学家刘徽在其所著的《九章算术》中说："事类相推，各有攸归，故条枝虽分而同本干者，知发其一端而已。"意思是有许多数学问题，表面上看不相同，但理论上是统一的，即它们有相同的根源。就是说，大千世界的万事万物虽然千差万别，但其实都可以划分为类，归结为相同的根源。我们知道，数学中的概念和规律是现实世界的空间形式和数量关系在人们头脑中的具体反映，也就是万事万物是经过人们的高度抽象、概括所得到的。正如华罗庚所说："数学是一门富有概括性的科学。"所以，概括性强的学生，学习数学时就善于从理性上去思考问题，易于在思维中分出现实的对象和思维中的一般事物及规律，能找出最广泛的具体内容所共有的属性，从而找到规律与共性，达到学习的目的。在数学教学中应当培养学生概括性的思维特性。如小学数学应用题中的平均数问题、和差问题及最小公倍数问题等，都具有"移多补少"的共性。几何中的直线与直线垂直、直线与平面垂直、两平面垂直等知识其共性是呈 90°角，只不过位置与形态发生了变化。其他知识也是这样，也都具有一定的共性，只要我们在教学中加以注意，同时注意对学生引导，有助于培养学生概括性的数学思维品质，有利于学生形成良好的学习习惯。

从方法论上讲，概括性思维也表现为一种重要的思维方法。要培养学生的基本技能，如果不掌握概括的方法或不会运用概括的方法，就不能学好初中数学。我们知道，数学中不少概念和公式都是从大量的实事中用概括的思维方法总结出来的。数学概念的建立、数学规律的揭示都需要学生具有"概括"的能力和"概括"的思维方法。学生有了这种思维方法，就能够有效地提高对数学基础知识的认识和掌握，提高对数学基础知识之间关系的认识，从而达到对数学知识整体的认识和掌握。再以"圆锥曲线"为例，学生经过研究、探讨，概括出圆、椭圆、双曲线、抛物线的统一性。也就是说，从方程上看，在直角坐标系中，我们的曲线方程都是二元二次方程。从点的集合观点看，它们都是"到定点与定直线的距离之比是常数的点的集合"这 4 种曲线，又可引导学生"它们是用平面截圆锥所得曲线"。清朝末年数学家夏鸾翔也认为，圆锥、二次曲线"备具于圆锥体上，故圆锥者二次曲线之母也"。使学生加深对各种曲线概念的理解与形态的认识，引导学生学会运用概括的思维方法，这是学生学好数学知识的重要方法，也为今后高中阶段的学习打下坚实的基础。

二、培养学生思维的严密性、准确性

数学学科具有很强的严密性是它本身的一个显著特征。如数学归纳法中，从 1 推至 n，且步步成立，使你无缝可插，这就是数学的严密性，而数学的严密性表现在思维的严密性。思维的严密性也

就是逻辑上的严密，逻辑严密即考虑问题全面细致。我们知道数学是逻辑很强、结构又很完整的学科。思维严密的学生学习数学时，思考与推导问题严密且合乎逻辑，"因为……所以……"用得恰到好处，而不是顾及一点而不及其他。培养学生思维的严密性对其今后学习、生活、工作将起到重要作用，所以在数学教学时要注意培养学生这种数学品质。

培养学生的这种数学品质应从以下几个方面入手。（1）因果关系清楚。即"因为……所以……"使用得充分、合理。（2）使用某一概念、公式、定理等意义要清楚。分清概念的属性以及公式、定理的条件。（3）肯定、否定关系清楚。教学时这一点一定要讲得有力度，话语要说得有力，使人听得清楚明白，知道什么是肯定的，什么是否定的。（4）矛盾关系清楚。谁和谁矛盾，否定一方而另一方是否成立。（5）思考问题要周密。这一点我们教学时一定要注意，一般事物都有正反两面，但也有第三种情况或更多情况，分析问题时要小心，不要丢在一旁，丢在一旁容易造成思维上的混乱，后果是严重的。以上是培养学生数学思维严密性的基础，也是数学学科的显著特征。

我们都知道数学有一个重要特点，即数学的精准性。数学的精准性是非常高的，这一点历史上有例证。如南朝时期的数学家祖冲之（429—500）曾说："搜练古今，博采沈奥。唐篇夏典，莫不揆量。周正汉朔，咸加该验。馨策筹之思，究疏密之辨。"他在生活、工作中始终坚持"馨策筹之思，究疏密之辨"的作风，他计算的圆周率准确程度达到千万分之一位，即 3.1415926 到 3.1415927 之间。这是古人做出的榜样。现今，具有良好教学准确性的人，不论在学习上、工作上都能坚持严谨求实的作风。数学教师在教学上应认真培养学生的数学准确性气质，培养其严谨的科学精神和实事求是的科学态度。我们知道，讲科学就必须讲准确，任何事情不准确就不是科学。所以，数学教师在教学中必须培养学生思维的准确性，使学生养成良好的思维品质。这是数学教学上不可缺少的重要程序。

培养学生思维准确性的数学品质，我个人认为应从以下三个方面入手：（1）语言准确；（2）书写准确；（3）计算准确。这是我们全面落实、推广素质教育的总结，是数学教师的基本需要，也是培养学生良好数学思维品质的基础。

三、培养学生的敏捷性、活跃性

我们都知道"数学是人类思维的体操"。华罗庚和学生谈学习时说"数学能使你的思维正确、敏捷"，由于数学是一门高度抽象的学科，是对现实世界的数量关系和空间形式的概括和总结，所以它才有应用上的广泛性。数学的题目花样繁多、纵横交错，解答数学命题的思路和方法也就很灵活，一题多解也很正常。这就需要教师在数学教学中挖掘教材、拓宽思路，多给学生传授一题多解的方法。教材中的定理、推论，除教材中的证法外，教师应尽力挖掘新证法，可从不同思路、不同知识角度来完成命题的新证法。这种教学方式既适合学生的个性差异，又拓宽了学生的知识、思维视野，从而达到培养学生思维敏捷性的目的。帮助学生学会在考虑同一问题时用不同的方法、不同的知识去解决，为他们今后学习、工作和生活选择最优方案提供思维策略。这是今后数学教学应注意的方向，同时又是落实、推广素质教育的基础。

认知形态是色彩缤纷的，教师更有这样的体会，所教的学生一届接一届，但是每届学生在学习同样的内容时，都会提出不同的问题或是以前我们没有遇到的问题，这说明学生的思维在进步、在发展。这种认真思考、提出问题是一种好现象，是学生思维活跃性的表现。《淮南子》中有这样的记载："若使景与表等，则高与远等也。"要测量一个不可能达到的物体高度，可以立根标杆，当标杆的长度和影长相等时，去测量物体的影长，可求出物体的高，这显然是相似比例的活用，可见那时人的思维就很活跃。培养学生活跃性思维的方法很多，如题的新解法，定理、推论的异法证明等。这样在教学中既开阔了学生的视野，又促进了学生思维的活跃性，调动了学生学习数学的积极性，收到了很好的教学效果。有的学生还下决心，一定要找到课文上的各种公式、定理的第二种证法。这就是学生思维活跃性的表现，也为他们今后工作奠定了良好的基础。

自主教学中问题情境的创设

荷兰数学家、教育家弗赖登塔尔有一句名言："与其说是学习数学，还不如说是学习数学化。"数学化的基本形式应当是学生的"再创造"。实施"再创造"的学习，关键在于创设科学、恰当的问题情境，使教学过程变成几个回合的问题探索、研究并解决的过程，从而使课堂活动由教师的教变成学生的学，使学生在自觉、主动、深层次的参与过程中，实现发现、理解、创造与应用，在学习中学会学习。本文就此问题谈几点体会和认识。

一、创设问题情境的主要方式

（一）创设趣味性问题情境，引发学生自主学习的兴趣

案例1 在进行"一元二次方程的应用"一节的教学时，可创设如下有趣的问题情境，得出列一元二次方程解应用题的结果，不仅有机械计算，而且有实际意义，需要恰当的选择和检验。

（1）一个长为10米的梯子斜靠在墙上，梯子的顶端距离地面的垂直距离为8米。如果梯子的顶端下滑1米，那么，①猜一猜，底端也将滑动1米吗？②列出底端滑动距离所满足的方程。以上问题，你想用怎样的数学知识来解决？

（2）在一个长为 50 米、宽为 30 米的矩形空地上建一个花园，要求种植花草的面积是整块空地面积的 $\frac{3}{4}$，道路面积占整块空地的 $\frac{1}{4}$，请展示你的设计。

对于问题（1）让学生猜一猜，对于问题（2）让学生张开想象的翅膀，按照自己的设计原则，设计出不同的图案，并尽量使自己的方案定量化。学生对此兴趣十分浓厚，很快就进入了主动学习的状态。

（二）创设故事情境，设置悬念，激发求知欲望

案例 2 在学习"分式的基本性质"时，可设置如下故事：小猴子最爱吃猴王做的饼，一天猴王做了 3 张同样大小的饼，拿出一张饼平均分成 3 块，给猴一 1 块（猴一得到这张饼的 $\frac{1}{3}$）；猴二见到说："给得太少了，我要两块。"猴王就把第二张饼分成 6 块（猴二得到这张饼的 $\frac{2}{6}$）；猴三见到更贪心地说："我要 3 块。"（猴三得到这张饼的 $\frac{3}{9}$）。你们想一想，哪一个猴子得到最多？学生回答正确后设问："聪明的猴王用什么办法来满足小猴子的要求又分得公平的呢？"学生不难回答出"分数的基本性质"，之后老师又问："联想上面的故事，请你想一想，下面两式能成立吗？$\frac{5x^2}{3y} = \frac{5x^2y}{3y^2}$、$\frac{8a^2b^2c}{2ab^4c} = \frac{4a}{b^2}$，说说你的根据。"让学生自己去发现，去理解，有利于学生创新意识的形成。

（三）创设疑惑情境，引导学生主动参与讨论

案例 3　在学习"无理数的概念"时可设置如下问题：

以一个边长为 1 厘米的正方形的对角线为边长再做一个新正方形，怎么求这个正方形的边长？

学生通过思考可列出如下的方程 $x^2 = 2$（x 表示所求新正方形的边长），由于还没有学习一元二次方程的解法，学生只能由算术平方根的定义，求得新正方形边长是 $\sqrt{2}$。但是 $\sqrt{2}$ 到底是多少呢？学生只好代入数值进行试验。当学生充分实验和讨论后，教师再告诉学生，像 $\sqrt{2}$ 这样的数是一个无限不循环小数，就是无理数。这样学到的概念学生容易接受。

（四）创设动手操作型情境，引导学生自己认识数学公理的正确性

案例 4　在学习"如果两个三角形的三条边对应相等，那么这两个三角形全等"的公理时，可创设如下问题情境：

（1）两个三角形的三条边对应相等可以得出什么结论？把三边分别为 $7cm$、$8cm$、$10cm$ 的三角形画下并剪下来，同桌比较加以验证。

（2）再把三边长度改变一下加以验证。

当学生得出此公理，利用公理解决问题（1）时，再出示下面的问题：

已知 $AB = AC$，在只有直尺的情况下，在 BC 上找一点 D，使 $AD \perp BC$。这样的问题令学生兴趣高，积极性高。当学生找出 D 点就是 BC 的中点时再提问：如果 $AB = AC$，D 是 BC 的中点，要证明 $AD \perp BC$，该怎样证明？由于学生已动手操作过，自然会想到应用所学公理去解决问题。这样的问题情境，起到了水到渠成的作用。

除了以上方法外，还有许多好的方法，这就需要广大教师在教学中不断总结和探索，在此不再一一列举。

二、创设问题情境的原则

创设情境的方法很多，但必须做到科学、适度。具体地说，有以下几个原则。

（1）要了解学生的数学现实，照顾到大多数学生，在学生的"最近发现区"内，使学生"跳一跳，够得着"。

（2）要把握好知识的形成过程，结合学生的思维特点，问题不能问得"太小"，太小没有思考空间，也不能问得"太大"，太大他们思考会有盲目性。

（3）要注意时机。情境的设置时间要适当，寻求学生思维的最佳突破口。

三、几点体会与认识

（1）要充分重视"问题情境"在课堂教学中的作用。不仅在教学的引入阶段要格外注意问题情境的设置，而且应当随着教学过程的展开要成为一个连续的过程，并形成几个高潮。通过精心设计问题情境，不断激发学习动机，使学生经常处于"愤悱"的状态，给学生提供学习的目标和思维的空间，使学生自主学习真正成为可能。

（2）在引导学生自主学习中加强学法指导。为了在课堂教学中推进素质教育，从发展性的要求来看，不仅要让学生"学会"数学，而更重要的是"会学"数学。学会学习，具备在未来的工作中科学地提出问题、探索问题，创造性地解决问题的能力。要结合教学实际，因势利导，适时地进行学法指导，使学生在自主学习中逐渐领会和掌握科学的学习方法。当然，学生自主学习也离不开教师的主导作用，这种作用主要表现在问题情境设置和学法指导两个方面。学法指导有利于提高学生自主学习的效益，使他们将在学习中摸索体会到的观念、方法尽快地上升到理论的高度。

（3）注重情感因素是启动学生自主学习的关键。要引导学生自主学习，动机、兴趣、情感、意志、性格等非智力因素起着关键作用。只有把智力因素与非智力因素有机地结合起来，充分调动学生认知的、心理的、生理的、情感的、行为的、价值的等方面的因素，让学生进入一种全新的境界，他们的自主学习才能达到比较好的效果。这就需要在课堂教学中师生融洽，教师充分尊重学生的人格，关心学生的发展，营造一个民主、平等、和谐的氛围，在认知和情感两个领域的有机结合上促进学生的全面发展。

数学教师也应掌握一些古代文学知识

只有文科教师才需要学习文学，掌握一定的古代文学知识，而数学教师只要会运算、识图就可以了，学不学古代文学问题不大。有些数学教师这样认为。其实不然，数学教师也必须学习古代文学，掌握一些古代文学知识。只有这样，解起题来才能左右逢源，得心应手。多年的教学实践证明，如果不掌握点古代文学知识，即使很容易的习题也无从下手。

譬如有这样一道数学题："今有方池一丈，葭生其中央，出水一尺，引葭赴岸，适与岸齐。问葭长、水深各几何?"全题用文言文写成，如果教师对古代文学知识一无所知，就不知告诉了什么，问的什么。假如懂得古代文学知识，就可以先把句子粗译一下：有一个边长为一丈的正方形水池，在四边中点连线的交接处（池底）植有一棵葭（植物名），葭的顶端高出水面一尺，如果把这棵葭从根部向岸边推动（正方形任何一条边），葭的顶端正好和水面池边接触。边译边画图，通过两个图形比较，问题便一目了然了。这是一个关于直角三角形三边关系（勾、股、弦）的问题。根据所给条件，列出方程：

解：设水池深 x 尺，则葭长 $(x+1)$ 尺

根据勾股定理：

$$(x+1)^2 = x^2 + 5^2$$

$$x^2 + 2x + 1 = x^2 + 25$$

$$2x = 24$$

$$x = 12$$

$$x + 1 = 13$$

答：葭长 13 尺，水深 12 尺。

假若没有一点古代文学知识，这类简单的习题都没法解，更不用说高深的习题了。

所以，数学教师也必须掌握一些古代文学知识，这是多年的数学实践所证实的，只有这样，才能使自己在数学教学中不致败北。

主体性课堂教学

为了改变数学教学过分地重知识的传授，忽视学生个性发展和主动探索，导致学生学习数学兴趣不高的状况，我试着从培养学生兴趣入手，进行了主体性课堂教学改革的实验。在课堂上，我给学生主动权，留给学生广阔的自主发挥空间。经过多年的实践，这种方法会令学生的兴趣更高，思维更活跃，同学间的交流与合作也更顺利，他们的各种能力会因此有了很大的提高，再也不用被牵着走、赶着走。

一、从培养兴趣入手，进行数学课堂改革

都说"兴趣"是最好的老师，学生没有了兴趣，就像坐在餐桌前却没有胃口一样。只有当学生对学习产生了兴趣，他的学习才会有内驱力，才会全神贯注、行动积极，这时他的思维、观察、想象等多种智力活动才最主动、最有效。大家听过美国作家马克·吐温在教堂里听牧师讲演的故事吗？这个故事很轻松，可留给我们的启发有些沉重。细想想，我们有多少教师曾有过与这位牧师雷同的经历，独占讲台口若悬河地讲，而不管学生的反应。我们所失去的将是比两块钱更宝贵的东西——学生的兴趣与教育的成效。

因此，教师应该善于激发、调动学生的兴趣。那么教师该怎么做呢？幽默的语言、生动的讲解可以吸引学生，新颖多变的教学方法、精湛的教学艺术能激发学生的学习兴趣……但最主要的是，教师要从讲台上走下来，走到学生中间，换换角色，让学生做课堂的主人，让他们主动地发现、研究、探索。总之，教师应善于调动一切可以调动的因素，让学生乐学、好学、主动地学。

二、教学中立足于促进每个学生的发展

教师备课时不仅要做到胸中有教材，更要做到胸中有学生。既要研究知识体系，又要研究学生的认知规律，了解学生的兴趣、爱好、基础，为社会培养多方面、多层次的人才。只要学生的高尚品德在形成，兴趣、智能、特长在充分发挥，良好的个性品质在得到培养，我们的教育就是成功的。因此，教师要在尊重学生差异的基础上，分类分层地对待学生，教学目标、方法、评价等方面都应体现层次性，使每个学生都有参与的机会，都能得到最大限度的发展。

三、给学生主动参与的机会，提高自主学习的能力

现代社会知识的更新特别快，很多知识学生还来不及学，甚至还没见过就已过时了。如果我们还用传统的方法，以知识为本，对学生进行灌输，可以想象，那么"狭小的容器"又怎能装得下这过量的知识呢。因此在教学中，我们要给学生主动参与的机会，提高他们自主学习的能力。布鲁纳说："知识的获得是个主动的过程，学习者不应是信息的被动接受者，而应是知识获取过程的主动参与者。"那么，在中学数学教学中如何让学生积极地投入学习过程中，在教师的指导下成为知识的主体、学习的主人呢？

（1）看书的机会。教师要安排一定的时间，让学生在课堂上看书、阅读教材，这不仅有利于学生对新知识的理解及解题方法、解题规律的掌握，更有利于培养学生获取新知识的能力。

（2）思考的机会。教师提出问题后，要让学生有独立思考的时间，尽量让学生说出解决问题的方法，不能过早地替代学生回答。当学生思考后答不完整或不正确时，教师不能指责，可适当启发学生，让他们再思考再回答，使解题的思路真正从学生的头脑中产生。

（3）动手的机会。从某种角度上说，数学不是"教"出来的，而是"做"出来的。课堂上留有足够的时间，让学生动手做一定的练习（每节课留15～20分钟），既有利于学生对知识的理解、技能的掌握、经验的获得、信息的反馈、错误的校正，也有利于减轻学生的课外作业负担。

（4）交流的机会。认识过程是个体探索与群体交流相结合的过程，课堂上教师要鼓励学生大胆提出问题，应把学习的主动权完全交给学生，让他们意识到自己才是课堂的主体。

（5）引导发现。心理学告诉我们，初中生的思维正处在由具体形象向抽象逻辑思维发展的过渡阶段，特别是六年级升入初中的学生，他们的思维仍以具体形象思维为主要形式。学生智力技能的形成，常常在外部动作技能的基础上发生、发展，是一个由外部的物质活动向内部的认知心理活动转化的过程。因此，教师在备课时要根据教学目标，设计相应的可操作的活动，进而引导学生发现问题，促进学生参与学习。

四、重视方法指导，鼓励质疑问难，培养学生的创造力

"以疑导学"是主体性课堂教学中常用的方法。我们要鼓励学生提出疑问，并不断引导学生提高质疑水平。学生的疑问体现了学生的兴趣所在，体现了学生的心理需求。教师要抓住学生"有疑""质疑"的良机，有的放矢地进行教学，既可避免全盘授受式的讲解，又能提高教学效率。作为教师，我们要力求解放学生，鼓励其质疑问难，勇于创新。科学家爱因斯坦曾经说过："提出一个问题比解决一个问题更重要。"善教者，不但要善于答疑，还要善于激疑，更要善于启发学生质疑。教师在教学中要给学生问的权利，鼓励学生敢于提问、善于提问，同时既要保护敢于提问的学生的积极性，又要鼓励有疑问而又不敢发言的学生大胆提问，更要设法启发学生从不同的角度去发现问题。如有学生在听课中大胆质疑，教师要及时表扬，不要怕"节外生枝"——耽误教学时间，不要压抑学生提问的欲望，应倍加呵护。

实践证明，主体性课堂教学更适应社会的发展，可以开发学生的智慧潜能，培养学生的认知能力、发现能力、学习能力、创造能力，唤起学生的主体意识，使学生得到更全面的发展。让我们为了孩子的明天，相信他们，留给他们一片广阔的天空，让他们主动地、自由地翱翔。

搞好学生的读书活动

学生在家里不爱读书，家长一直拨打我的电话，要我出主意、想办法。我是教数学的，于读书想得比较少。可是作为班主任，我不得不重视这个问题。

二十一世纪是素质教育的时代，是培养创新型学生的时代，书本上学到的知识远远无法满足学生的需求。学生只有通过阅读课外书籍，才能开阔视野、丰富知识，为自己的健康成长提供精神食粮。因此，学校应该而且有必要开展读书活动。那么，如何搞好学生的读书活动呢？我认为应该从以下几个方面入手。

一、培养学生读书的兴趣

学生们正处在长身体、增知识的阶段，而且他们的记忆力强，让他们多读些书，对学习、生活都有帮助。但他们这个年龄段的孩子都是贪玩的主儿，让他们静下心来认认真真地读一会儿书，似乎不太容易办到（除少数爱看书的学生），所以我们就要先培养学生读书的兴趣。俗话说"兴趣是最好的老师"，只有学生自己对读书有了兴趣，才能自觉地读书，获得知识，提高能力。培养学生读书的兴趣可从提问的方式入手；向学生讲述著名人物爱读书的故事，使学生受到感染；同时还要向学生讲解读书的好处，引起他们读书的欲望。

二、给学生创造读书的环境

（1）在班级中建一个图书角，以便学生在课余时间随时阅读。让班级中的每名学生从家里带几本书来，建起班中的图书角，同时制定出"班级课外阅读计划""班级借阅制度"。比如学生一次只能借一本书，要爱护图书，不能在书上乱涂乱画，别撕书、折角……选一名学生当图书管理员，管理员要尽到自己的职责。

（2）对学生开放学校的图书馆。普及九年义务教育之后学校图书馆的图书逐渐充实起来，有涉及天文、地理、历史故事、儿童故事等题材，还有小说、寓言、诗歌等体裁，真正地成了知识的宝库。对学生开放图书馆，使学生能在知识的海洋中遨游，获得更多的知识，提高自身素质。

三、教师要成为学生读书活动的组织者和引导者

由于学生年龄尚小，看书往往只注意看书中的"热闹"，因此教师要教给学生读书的方法。读书活动的组织要有目的、有计划、有指导、有检查，要教学生如何切入，怎样圈圈点点，既要有眉批，也要有赏析，并学着写随笔，从而养成读书的好习惯，提高鉴别与鉴赏的能力。

（1）让学生去阅览室读书，要有目的地读书。比如读"故事书"，要让学生弄清楚故事的主人公的经历，能讲述故事的主要内容，弄懂故事要表扬什么、批评什么；读"作文书"，要注意学习作者的写作方法；读写人的文章，要看作者是怎样描写人物的，怎样用人物的语言、行动、内心活动来表现人物品质；读写景的文章，要看作者是怎样描写景物特点的；读写事的文章，要把事情的

起因、经过、结果分清楚……

（2）图书馆每天在课外活动时间定时向学生开放，教师要适当地加以指导，督导学生带记录本进阅览室，养成做记录的好习惯。遇到不认识的字、不理解的词，自己动手查字典。这样既能使学生增长知识，又能提高学生查字典的能力。遇到实在难以理解的词句，教师要加以指导，尽量使学生把书读懂、读透。

（3）教师作为学生读书活动的组织者，在组织形式上可以根据学生爱好的不同，组成兴趣小组。如"故事小组""人物传记小组""诗歌小组""作文小组"……各兴趣小组的学生在遇到问题时可以讨论解决，解决不了的再去请教教师。遇到好的作品还可以一起学习，一起研究，共同进步。教师也可以推荐一些书目让学生自主安排阅读，根据自己的爱好选择书读。

（4）为了提高学生的阅读兴趣，教师可以适当组织一些"读书竞赛活动"，如讲故事比赛、写读后感比赛等，还可让学生定期交流读书的心得体会，相互切磋读书的方法与技巧，实现多方位交流，相互启发思想，从而使学生开阔眼界，增长知识，受到熏陶。

四、教师要指导学生多读书、读好书

冰心说："好书永远是我们最好的朋友。"

歌德说："读一本好书，就是和许多高尚的人谈话。"

克鲁普斯卡娅说："一本好的、有趣味的书能提供许多知识，能唤起美好的理想。"

一本好书会使我们获得知识、陶冶情操、启迪智慧。

一本好书胜过珍宝，一本坏书比强盗还坏。如果不加选择地读书，读到坏书就会影响青少年健康地成长。尤其是中学生常爱读一些言情、武侠的课外书，这些书可能会对一些学生产生负面影响，教师要正确引导。

五、教师在指导学生读书时应注意两个方面的问题

（1）教师引导学生读书，但不能包办；向学生推荐书目，但不能强制。要注意学生的个人爱好，鼓励个性化阅读，让学生从兴趣出发，有选择性地阅读，从而充分提高他们的阅读兴趣。如果一味地强制、包办，可能会带来相反的结果，学生不仅学不会知识，也会失去读书的兴趣。

（2）要注意课外阅读不等同于课内阅读，在指导学生读书时，教师只起指导作用，不能把课外图书室变成课堂，剥夺学生读书的自主性。

正确使用参考资料

有不少教师对"教参"方面的资料颇感兴趣，特别是工作资历较短的教师，更喜欢买这方面的书籍，形成一种"资料热"。表面看来这是好事，是教师为了工作而表现出来的热情，无可非议。但有些教师过分看重"参考"，把它视为教学的法宝，总觉得有了这"玩意儿"就能解决一切问题，就可以不备课，甚至抛开教材拿着资料在课堂上照搬照套。这样做，不是用它帮助教学，而是用它代替教学。如果这样，虽说教学很轻松，但只能将书越教越死，学生越学越迂，这不是我们用参考资料的目的。吃别人嚼过的馍本来就无味，怎么还会觉得香呢？这种过时的做法不适合当今教育形势的发展，把"参考"当教材用的做法是不妥当的。

别人编的资料是通过自己的认识和实践总结出来的，是根据自己的学校、班级和学生的实际情况写的。每个教师的文化素质、思想感情、思维方式、教学方法有所不同，况且就同一个问题也是仁者见仁、智者见智。喝牛奶的目的在于滋养身体、健壮体魄，而不在于变成牛。自己的思维怎能跟别人走呢？全按别人的方法做，只能是邯郸学步，不但学不到别人的优点，反而把自己给"捆"住了。所以，再好的资料也只能研究学习，不能照搬，否则就违背了教学规律。另外，自己面临的情况跟别人的不一样，世界上没有完全相同的事物，即便是同一事物，也不是一成不变的，如果不看对象、不问环境地硬套，不合教学实际，会闹笑话，会出麻烦。

大家都知道，教学是一门科学、一门艺术，要掌握它没那么容易。有的人教了一辈子书，也没有觉得轻松过，因为一分收获一分耕耘，必须付出艰辛才有收获。我在二十余年的教学生涯中体会到：教学是一种创造性劳动，一节讲读课，不论你讲的是哪篇文章，都必然有你的深刻理解，浸透了你的内心体验，萌动着你的气韵灵感。不论你用什么方法传授，都会流露出你的好恶，体现着你的睿智，表达着你的情感。它不是照本宣科，也不是对原作的单纯再现，更不是套用资料，它是经过理智与情感过滤的结晶，它是对原作再创造的产物，是一种转化、一种深化、一种超越，是"教参"不能替代的。对别人的东西不加思考，只图现成，长期下去会滋生懒惰，令自己变成懒汉，无法也不可能提高自己的教学水平。

怎样才能正确使用参考资料呢？我认为首先要处理好教材与教参的关系。教材是基础，是依据，是教师备课的关键。在备课时，教师在钻研教材、研究教材的基础上可以借助"参考"，这样做的目的是避免先入为主。如先看教参后看教材，就会形成一个框框，课上起来没底、漂浮、空洞、没条理，难以深入。

要结合实际灵活运用参考，一是教师方面，二是学生方面。教师要按照自己的思维方式设计教案，拿出自己的特色，然后借助资料合理取舍，弥补自己备课中本该想到的而没想到的问题，使自己的备课更科学、更充实、更合理、更有新意。运用资料也要考虑学生实际，无论是哪一个学科的教师，在教学的全过程中应时时刻刻把学生装在心中，目中无"人"非好课，心中无"人"难有成。备课时，教师要想到学生的心智需要；课堂设计时，教师要估测学生的心理反响；课外延伸时，教师要虑及学生的获求增值。为此，教师要讲究与学生的心灵交汇，要讲究与学生的情绪感应。要做到这一点，必须灵活运用教参，不能照搬。

购买资料要精挑细选。目前书摊多、资料杂，各种资料充斥市场，有实用的，有假冒的，其中有些资料还出现了知识性的错误，用起来问题不少。希望教师应比较分析，去粗取精，去伪存真，择其善者而从，不能沉溺于繁杂的资料中不能自拔，更不能让资料牵着鼻子走。要不断学习、实践，勇于开拓，大胆创新，坚定不移地走自己的路，走改革之路。我们主张博采众人之长，但更希望有自己的创新思维。"江山代有才人出，各领风骚数百年。"别人有别人的资料，自己也应该有自己的经验，"奉献"比"索取"更令人愉快。

优化课堂教学　提高教学质量

优化课堂教学，激发学生学习兴趣，培养学生创造能力，是当前数学教育改革的重要方向。

优化课堂教学，首先应转变传统的教学观念。在课堂教学中，教师要通过巧妙的构思、精心的设计，想方设法调动学生的积极性和主动性，引导学生充分参与课堂教学活动的全过程，使学生通过自身的实践，逐步树立勇于探索、勤于思考、善于发现的创新观念，提高应用知识解决实际问题的能力。

优化课堂教学，还应根据不同的学科、不同课题来进行。在数学教学中，主要有四大基本课题——概念课、解题课、复习课、测验讲评课。优化数学课堂教学应根据不同课题的特点，采取不同的教学方式，精心设计，组织教学。

数学概念是导出数学定理、性质、法则的基础，数学定理、性质是解决数学问题的主要依据。教学数学概念要认真研究引入概念的途径与方法，根据学生的认知水平，抓住概念的本质特征，并结合一定的感性材料，揭示概念的本质属性。再通过巩固练习，帮助学生理解概念，通过变式、对比来强化对概念的理解。比如，讲等式概念时，就应抓住等式与方程、等式与代数式间的区别与联系，帮助学生分析它们各自的特征，并通过设置对比练习来加深学生对三个不同概念的认识与理解。这样既能使学生牢固掌握新概念，又能达到复习、巩固旧知识的目的。

中学数学的教学目的是要提高学生的解题能力和应用能力。数学习题可帮助学生加深对基本概念的理解，提高应用知识的能力，逐步形成完整的认知结构，还有利于启发学生学习的兴趣和积极性。中学教学中解题教学是相当重要的一个环节。一道好题，不仅能加深学生对所学知识的理解，提高他们分析问题、解决问题的能力，还能激发他们的学习兴趣，增强其探索热情。因此，教师应充分认识到解题教学的重要意义，在例题、习题的配置上，既要考虑双基能力的培养，又要重视综合应用能力的提高。习题的配置要有一定量的探索性问题，教学过程要突出解题思路，充分认识学生的主体地位，积极引导学生参与课堂教学活动，尽可能多地让学生自己发现解题思路并动手作答。同时，教师要通过示范，要求学生准确、规范、简洁地使用数学语言、数学符号来表述相关数学问题，提高解题的速度和有效性，形成良好的解题习惯。

复习课的作用是系统整理所学的知识，沟通知识、方法间的联系，形成完整的知识网络，提高综合解题能力。数学复习课的目的不应只是知识的再现，更应该是知识的升华。教师在备复习课前，应熟悉教学大纲，明确新知识在解决问题中的作用，与旧知识有后继学习的联系，认真设计好复习的内容和问题，在教材的重点、难点处巧妙设疑。教师要根据对教材的理解，找准角度，恰当设疑，突出重点，化解难点。在课堂教学中，要坚持以"导"为主流，以问题为主线，引导、启发学生的思维，帮助学生形成系统的知识结构，同时还可以通过复习，帮助学生对阶段性学习进行查漏补缺，巩固提高。

数学测验是对阶段学习结果是否达标的一种评价方法。测试结果的讲评是培养和提高学生创造力不可忽略的重要环节。要上好讲评课，不能仅仅让学生对对答案，也不宜把测试题逐一进行讲解，要突出重点、有针对性地进行讲评，并根据教学目标做出恰当的评估。对学生正确的观点和见解，特别是有创新的解答，要给予充分的肯定、鼓励和强化。对普遍存在的错误，则要重点评讲，帮助学生一起分析错误产生的原因，切不可过分责怪学生，以免打击学生学习的积极性。同时，还可适当补充一些类似问题或变式问题，通过练习加深学生的印象，达到巩固知识、提高能力的目的。

课堂教学是数学教学的重要途径。课堂教学质量的好坏，决定了教育教学质量的高低。在全面开展素质教育，重视创新能力的二十一世纪，优化课堂教学，对提高数学教学质量，对学生创新思维和创新能力的培养，无疑有着十分重要的意义。

当然，要优化课堂教学，教师自身素质的优化应是必要的。教师应转变教学观念，努力丰富和充实自己的知识结构，使自己成为知识的协调者和向导，而不仅仅是知识的传递者。教师不仅要能给学生一杯水，还要教会学生怎样去找水。

恰当地运用先进的现代教学技术，也是优化课堂教学的重要手段。多媒体 CAL 的介入，教学网络的兴起，大大增加和提高了课堂内容的容量和学生的学习兴趣。作为二十一世纪的教师，应主动学习，大胆探索，掌握先进的教学手段，借助辅助教学工具，提高课堂教学效率。

总而言之，要提高教学质量，必须先提高课堂的教学质量，只有优化课堂教学，才能达到提高教学质量的目的，进而达到培养学生的创新思维、提高创新能力的目的。

班级管理队伍的有效构建

班级管理是一门艺术。在班级里构建一个有效的管理团队是非常必要的，既能大大减少班主任的工作量，也能提高班级管理的效率。

这里先分享我的带班经历吧。

2008 年秋季，我新到关溪学校任教，接手了一个老是闹哄哄的五年级班。当时的我简直不敢相信，班级怎么会如此没有规矩。我便向任课老师了解以前的管理情况：由于原来的班主任家里有人住院，便辞去了班主任工作，但学校师资紧张没有更换新班主任，所以班上一直是几名班干部在管理。其实班干部也管不了学生，学校就临时安排过两位代理班主任，但一直管不下来，还出现年轻教师上课被气哭的现象。作为新班主任的我本没有多少经验，这一了解更是"刚学剃头碰上了大胡子"，压力不小，一切都要重新摸索。

最初两个星期的纪律全靠我全程式跟踪，也是想了解班里各学生情况。经过观察，班长是个女生，对班级工作认真负责，但对调皮学生没一点办法。于是我瞄上了班上一位学习不错、长得又结实高壮的小宙。"小宙，你的学习不错，老师非常欣赏你，想培养一下你的管理能力，当副班长管管纪律，怎么样?"话还没说完，小宙便赶紧摆着双手说："不不不，这我可当不了，班上的纪律谁要敢管谁就会挨揍，班上已经换了几个管纪律的了，我可不敢管。"原来班上有几个同学我行我素，谁要是管了他们就会受到威胁，上课作弄老师把老师气哭的也是他们。我简直不敢相信，还是小学四五年级的孩子，有这般举动。我思索许久，这些调皮鬼是刺头也是人才啊，把他们人人惧怕的权威若用到管理上那该多好，孙悟空不是当了弼马温后安分多了嘛。

新的班级管理团队构想有了，我把他们叫了过来，开始了分工："你们四人学习上虽然不突出，但头脑都很聪明，老师想培养一下你们的管理能力，说不定以后出来能当领导或老板。"不出所料，四人听了兴奋不已。一向被老师打压批评的调皮鬼，这下居然成了班干部、老师的"红人"。

"老师，我来管纪律，保证没人敢吵一下。"

"老师，我来当寝室长，保证就寝安安静静。"

"老师，我来当劳动委员，没有人敢不搞卫生。"

"老师，把班长换了，我来当班长，班里有什么事你吩咐我就是了。"

一个个自告奋勇地抢着班干部的位置，竟然连班长都想当。但班长的位置我还得留着，一来班长是我的"眼线"，二来要留点晋升空间给他们作激励。

"很好，看到你们有信心，我也有信心了。不过，班长的位置我还不能动，小喜她工作挺认真负责的，学习也不错，需要她带个好头，做大家学习的榜样。你们几个只要工作认真，管理工作做得好，学习又有进步，可以考虑以后当班长。不过我还是得提醒几点：一是自己要做好表率，别人才会听你们的，不能靠打人、骂人的方式来管理别人，以德服人、以理服人的管理方式才能长治久安。二是你们要相互提醒，相互配合，毕竟你们自由惯了，很多时候自己控制不了自己，需要相互提醒；我配合你的管理，你配合我的管理，管理才能很好地进行下去。三是有什么新想法和新情况要多跟我报告，让我知晓或征求我的同意。"

……

经过约法三章和一番培训，新的班级管理团队基本确立。为了有效掌控他们的管理状况，我单独把班长叫来培训。

"小喜，这几个调皮鬼的管理工作是我安排的一个尝试，一来利用这几个人的威信开展班级管理工作，短期内会有大的好转；二来给孙悟空带个紧箍咒，让他们自己约束自己。但这几人的自控力和管理能力比较差，需要你我的监管和引导。我教你几点，一是多夸夸他们，要多在班上表扬他们的工作成绩，激励他们不断进步，同时也能拉近他们与你的距离，拥护你，愿意听你的指挥；二是帮我多关注他们，他们有什么异常和退步单独跟我反映。你不要去说他们，由我来引导……"

新的班级管理团队宣布之后，班级纪律、卫生瞬间有了大的转变。当然，长期高效的管理离不开后期的引导和培训。

无独有偶，2020年我刚调入红军学校，又接手了一个棘手的班级——初中二年级某班。

开学第一天，学生报到的情况就让我大跌眼镜。

"谁是班长，请协助我进行报名工作。"班上所有的同学用手指着一位女生。班长瘪着个嘴，给指着她的同学们翻了个白眼，歪着头斜眼看了我一下，很不情愿地慢慢站了起来。"我已经辞职了，不干了!"我看着她愣了一下,别说是班长,就是一般的学生,对新来的班主任也不该是如此态度。"辞职了也没关系,就帮我做点简单的事,把同学们带来的寒假作业逐个收上来。"我还是给她安排了一个轻松的活,她虽不是很情愿,但还是完成了。

学生报到后,我细细对照了一下学生名册,发现班里学生的异动更让我烧脑。班上成绩名列前十的孩子转走了九名,有的是转校了,有的是转班了。为了均衡班级人数,年级组从其他班上调整了九名学困生到我班里来。年级组对这个班级的定位显而易见了。

我当天晚上打了个电话给以前的班主任。她是个跟班学习的实习生,没有班级管理经验,也难怪班级管理会失控。电话里我跟她聊了两三个小时,听得出这位小姑娘对班级还是挺上心、挺负责的,对学生的情况都很了解。那名班长刚进初一的时候成绩还是名列前茅,后来不知怎么的,直线下降了。班上有"三剑客",经常抢老师的话头,联合起来捣乱,时常弄得老师课都上不下去。班上还有个运动强将阿劲,破了学校冬季运动会一千米纪录,虽学习成绩很差,但在班上人缘很好,人也听话,那些调皮鬼都叫他劲哥。

经过这番了解,我很快有了班级建设思路。首先,找了阿劲了解班上情况,任命他为班长,由他来推荐班上其他干部,指导他从纪律和感情两方面控制住班上的调皮鬼;其次,通过座位的调整,把"三剑客"拆散,逐个谈心突破,适当给予课代表、小组长类的头衔,把他们博取"关注"的心引到正道上来,有事可做,也就有了存在感。当然,面对这么一个班级,光靠他们是不够的,我时常融入他们,跟他们一起打球、下棋、聊天,真正成为他们的"带头大哥"。两年下来,班里从未发生过重大违纪事件,也没让年级组或政教处操心过一件麻烦事。学生在初三下学期整体觉醒拼搏,任课老师也说我班的课越上越起劲了，后来全班同学的中考成绩超越了几个班级，取得大捷。

个性那东西

最近一些日子，总穿梭在一些"大家"中间，与他们促膝长谈，天南地北，嘴一刻也停不下来。

他们是人，但非一般的人。在研究了于决斗中荣耀死去的普希金，远离祖国而心灰意冷的果戈理，热情奔放的拜伦，用语梦幻的卡夫卡，作为拳击家、斗牛士、猎手、捕鱼人的海明威之后，我毫不犹豫地得出一个结论：他们是一些具有特殊性格、气质和心理机能复杂的大自然的造物。

乔治·桑塔耶那在他一首十四行诗中这样写莎士比亚："上帝在创造莎士比亚的时候，是加倍精制的。"① 就像达·芬奇的一位门生评价他时所说的那样，"大自然就没有力量再重新造出一个这样的人"。

他们的个性形成都有几方面的因素呢？

造成一个人的个性形成因素很复杂。研究人格结构的各种心理学各有各的理论。泰纳强调环境、遗传；自然主义心理学则将注意

---

① 《大画家传》第 26 页。

力放在生物学的根源探讨上，研究大脑、神经系统与艺术家个性的关系；弗洛伊德强调里比多（性力）的强弱跟个人的关系；荣格则发明了似是而非的内外倾性格学说。众说纷纭，各执一端。我认为，以往学说的一大缺陷在于它的排他性（也许有时排他性是必要的）和思维的单向性。它们将自己封闭起来，在一条狭窄的弄堂里前进，否认其他领域里所进行的有益的研究工作。今天的科学研究较之过去，除了发现新的领域和在已发现的领域里向纵深掘进外，一大特点是沟通与综合。世界的无限复杂性，决定了这个世界有很多并列的甚至看上去彼此对立的道理，互相排斥的结果会使任何理论在解释复杂现象时都缺乏囊括力。

我以为，个性形成的因素是众多的。

一、社会集团心理

人一来到人世，就开始受社会集团心理影响（主要是他所从属的那个社会集团）。美国曾经的首富老洛克菲勒来看孙子，张开双臂做好拥抱的姿势。然而当孙子扑到他跟前时，他却往旁边一闪，使孙子扑了个空，重重地跌趴在地上。等孙子起来，他教导孙子："记住，孩子，在这个世界上，你不要相信任何人，包括你爷爷。只有这样，你才能成为伟大的事业家。"这样，一个很小的小孩受到了一种冷漠、狡诈的心理培养。一个人活着，他的家庭、他周围的人会对他进行有意无意的、琐碎的、连绵不断的心理渗透，因此说"人在吃奶的时候就养成了奴隶与奴隶主的心理"。①

人有本能的合群倾向。一般说来，每个人都有一个庞大的团体围着。社会心理学研究的结果表明，人因为有从众心理，社会集团

---

① A. 科瓦廖夫《文学创作心理学》第54页。

心理对他的影响是巨大的。心理学家叶希做过一次有趣的实验，他在一个方框里画了一条标准直线，在另一个方框里画了 A、B、C 3 根比较直线，其中 C 线与第一个方框里的标准线长度相等。找来七个受试者，其中六个人已暗地里得到主持人的指令，让他们故意说本来不相等的 B 线与标准线相等。那一个不知情者明明看出 B 线与标准线不相等，而是 C 线与标准线相等，但因为那六个人都说 B 线与标准线相等，他在一阵困扰后动摇了，居然也跟着说 B 线与标准线相等。可见集团意识的力量之强大。因此，我们在考察人的个性时，当然不能忽视社会集团心理的影响。

二、文化气候

人的个性受文化气候影响。接受了不同文化的人，具有不同的个性。文化质量与数量都能对人的个性产生作用。接受了西方文化的人和接受了中国传统文化的人个性有别，接受了劣质文化的人和接受了优质文化的人个性有别，文化水平的高低也使个性有别。

这里面还有个大气候和小气候的问题，有时小气候的作用也是很大的。从本质上讲，艾青是中国传统文化这个大气候所调养出来的，但他后来去了巴黎，并在流浪巴黎街头的一些世纪末诗人形成的文化小气候里生活，而这个小气候使艾青童年时代就有的忧郁个性变得更加浓郁和鲜明了。他的《大堰河——我的保姆》刚问世时，当时的《新诗》杂志就有文章说"诗人艾青的波特莱尔和布兰，诗人艾青的阿波里内尔君"，"那原是一班连自己国家的经纬度都不愿意知道的艺术流氓"，"艾青是将（或者已经）被这班艺术流氓连累了"。这种批评过于尖刻了，但艾青后来的诗作中那种怎么也不能消除的忧郁情调，与他所生活的文化小气候显然是分不开的。

三、自身经验

在自身积累的经验里，童年经验对人的个性形成起巨大的作用。不少心理学家很重视童年经验与个性的关系，特别是弗洛伊德，他认为，成年人的心理在他的童年时代就已经初步构成。他甚至认为，所有精神病患者的病因皆根植于童年。比如犯罪心理，他认为这是童年时代的过失感长期潜伏心灵，在年长以后爆发的结果。

弗洛伊德的学说是否正确，我不想在这里证明，但是我们得承认这个事实，即童年经验的确对自身的个性形成有很大影响。

当然，后来的经验对个性也是有作用的。一般它是进一步强化童年经验形成的个性，但也有可能在人生的道路上受到重大挫折和磨难以后，其个性与过去呈180°大转弯，比如从开朗变为忧郁，从直率变为虚伪，从软弱变为坚强。即使如此，他也离不开原先个性的基础作用，因为个性的历史是割不断的。

人的挫折和磨难来自许多方面，政治的、经济的、生理的等，其中个人的私生活也是一个不可忽视的因素。想要对一个人的个性做出准确的分析，显然是不可能的。史学家、评论家、传记作家和心理学家对他们所研究的对象的私生活历来讳莫如深，而这个障碍极大地妨碍了他们的研究。

四、集体无意识

荣格在心理学史上的重要位置就是因为他创建了一个特殊理论。他将人的心理分为三个层次：意识、个人无意识和集体无意识。何谓集体无意识？荣格的解释是："集体无意识是从人类祖先的往事遗传下来的潜在记忆痕迹的仓库。所谓往事，它不仅包括作为单独物种的人的种族的历史，而且也包括前人类或动物的祖先在内。集体无意识是人的演化发展的剩余物，它是经过许多世代的反复经验的结果所积累起来的剩余物。"① 他的意思是说，人类祖先和动物祖先的意识作为基因遗传下来，最深地潜藏在每一个人的意识里，人类尽管进化到今天这样，但远祖的一些意识并未因为人类的不断进化而全部消失，而有一部分剩余在冥冥之中作用于人。

对人的个性的研究，不能抛开这种无意识，只不过我们不能像荣格那样夸大这种人类和种族的遗传罢了。因为人的意识还是主要受他周围的集团意识所影响。

五、地理作用

生活在大海边，见着浪涌、听着涛声并与风浪搏击的人，在性格上不可能与生活在江南小桥流水人家这一环境长大的人相同；生活在崇山峻岭中的人，当然不可能与生活在一马平川的平原人相同。沈从文在《边城》里有一段话，实际上就是谈自然环境对人的脾性、心理影响："翠翠在风日里长养着，把皮肤变得黑黑的，触目为青山绿水，一对眸子清明如水晶。自然既长养她且教育她，为人天真活泼，处处俨如一只小兽物。人又那么乖，如山头黄麂一样，从不想到残忍事情，从不发愁，从不动气。"甚至连一个地方的气候都能对人产生心理作用。梵高精神病发作，将自己的耳朵割下，用纸包上，赠送给妓女拉歇尔。他清醒以后，向拉歇尔道歉："我使你难堪了，我做得不像话。"拉歇尔说："在阿尔这个地方，这样的事是并不令人感到太吃惊的。"她为什么这么说呢？因为罗纳河岸的阿尔地区天气极为炎热，空中洒满了炫目的光亮。阳光仿佛要把土地吸吮干净，使人的脾气一个个都变得烦躁不安，不少人

---

① 杜·舒尔茨《现代心理学史》第360页。

因此患热病，出现变态心理，做出极端行为。

关于个性形成的因素很多，不可能一一举述。

没有艺术家的个性，就无艺术的个性，而无艺术的个性，就无艺术。个性对于艺术就是这样一个简单的关系。梵高的母亲曾劝儿子在茶会上物色一个姑娘，梵高拒绝了，他说："茶会上的女人没有个性。"艺术当然不能是这些茶会上的女人。小说家毛姆有句话可以结束这篇漫谈：如果艺术家赋有独特的性格，尽管他有一千个缺点，我也可以原谅。①

---

① 《月亮和六便士》第 1~2 页。

肩挑"两化" 构建数学学教大课堂

摘要：数学知识生活化，日常生活数学化，这"两化"是构建数学大课堂的基本要件。走进教材是备课的基本要求，走出教材是拓展的必需条件，更是学习的追求。学生的思路能否打开，关键在于老师是否把握好了时机，是否科学地运用点拨的技巧。文本从反思的视角，审视多年的教学，试图将自己的感悟或心得凝结为青年教师的健康成长提供可供参考的文本。

关键词：数学教学；"两化"研究；构建大课堂

弹指一挥间，从教数学已经十五年了，品味这十几年的教育教学，嚼来也颇有几番滋味。

一路回味，你还别说，当真有许多值得说道的。有成功的喜悦，有失败的叹息，也有说不清道不明的苦涩……林林总总，恐怕一天一夜也说不完，细梳理也只理出一条轨迹——成长的轨迹。我很想用一句话表达出来，遴来选去，似乎都不准确、不贴切，很难用一句话概括。我求教同事，他们说"肩挑'两化'，构建数学学教大课堂"。你还别说，的确是那么回事儿。

生性好玩的我把全部的精力都用在了"玩"数学上，与小学的孩子玩，与中学的孩子玩，也与高中的孩子玩，于玩的过程，彰显一位数学老师的思想、智慧、高度与个性。

数学知识生活化，即带领孩子们走出教材，走进生活，将日常生活数学化。生活离不开数学，我们的衣食住行无不被打上数学的烙印。不错，人的一生时时刻刻都在与数学打交道。一想到一件事，我忍不住哈哈大笑起来，甚至笑出了泪水。那是七年级的数学课，是我从教以来"逗"得最精彩的一堂课。

我教完简单的有理数加减应用题后，插入用一个正数和一个负数让学生口编应用题这一环节。一开始同学们很受约束，脱离不了课本的束缚和我口编范题的框框。正在我愁眉不展的时候，陈琛站了起来，他编了这样一道题："爸爸给了 8 元钱要弟弟去买 4 个甜筒吃，弟弟买了 5 个，偷偷吃了 1 个，拿回 4 个甜筒，跟爸爸说甜筒涨价了，要付 10 元，还欠了 2 元，8-10＝-2。"一出口，逗得哄堂大笑，陈琛也瞬间乐红了脸。但我立即认识到，机会来了，这时候绝不要去抑制他的思维。待一阵哄笑之后，我拍起了手，"多聪明淘气的弟弟呀！陈琛，弟弟是学你吗？"全班顿时又一阵哄笑。陈琛连忙解释说："没，没，我可是诚实的孩子，弟弟贪吃，一买吃的就会打歪主意或者耍赖，总要多吃上一点才罢休。""同学们，你们听到了吗？陈琛能联系家里的真人真事编一道好题，你们能不为他鼓掌吗？"之后，气氛活跃了，一个个小手举了起来，我一个一个叫起了他们。

乐凡："我家的母猪生了 15 头小猪，但母猪只有 12 个奶头，有 3 头小猪没奶吃，12-15＝-3，还差 3 个奶头。"接着又是一阵哄笑。

韩宇："有一天家里进来了 6 个客人，爸爸连忙起身发烟，结果烟盒里只有 5 根烟了，5-6=-1，还差一根。"立刻有人笑着回应："不对，是 5-7=-2，他爸爸没烟抽了，差 2 根。"又是一阵接一阵的笑声。

……

这一环节的插入，使课本有了妙趣横生的味道，我更觉得"逗"得精彩。这些内容正是农村孩子们在日常生活中的所见所闻，他们能根据生活中的事编出这些应用题，就已经说明他们明白什么是应用题了，还愁他们不会解吗？应用题的本意也就在于此，它不是为了使学生学会拿笔列式子算答案，而是让学生学会怎样去解决生活中的问题。学生的思维就像一盆肥皂水，老师就是根搅拌棒，只要搅的方法对、搅得好，这盆肥皂水就能给你带来五彩斑斓的泡泡，显露出你意想不到的光泽。所以，我们在讲授应用题时，要善于抓住学生思维的活跃点，及时、准确地去点拨、刺激他们，这样我们的课就受欢迎。学生们虽然受到课堂的限制，但能在思维的海洋里一跃千里。

如果把上面这则回忆归入让数学走出教材、走进生活的话，那么接下来我要经营的当是让日常生活走进数学了。在我们乡下流行这样一句俚语："送崽读书，不如送崽上圩。"这话颇有道理。实际上，我们课堂里灌输的大多是课本知识。人的一生一般都要阅读小书、中书与大书，我把教材称之为小书，把教材以外的课外书称之为中书，而社会则是大书。带孩子上圩，正是读大书的起步。圩场上有许多课本里没有的知识，限于篇幅，不做展开。上圩也是日常生活的重要组成部分，数学的作用无处不在。比如说坐车，车的起步价为 5 元，2 千米以上则是每千米 1.5 元，小明坐了 6 千米，应付多少钱？将生活中的现象数学化，需要先将数据简化、变小，便于学生理解，再将数据变成小数、分数等。数变理不变，学生自然学得轻松。生活处处皆学问，生活事事关数学，日常生活数学化的实例，一伸手就能抓一大把。

其实，数学是很好玩的。很长一段时间，我们自制教具，使抽象的东西具体可感，令人记忆更深刻。现在更好了，有了多媒体辅助教学，借助慢镜头手段，显像更逼真，更能令学生加深印象。

数学教学课堂大多是老师讲，学生听，老师慢咀细嚼，仿佛嚼得越烂越细越好。在老师心中，学生的牙齿没长齐，碰不得硬东西。形象地说，是老师抱着学生走，背着学生走。孩子们的脚没有发挥足够的作用，久而久之，孩子们索性懒得走了。我似乎玩出了悟性，玩出了门道，要知道，学生的路终究是要他们自己走的，单靠老师们帮忙，帮得了一时，帮不了一世，与其授之以鱼，不如授之以渔。学生想一辈子有鱼吃，当学会捕鱼的方法，唯其学得方法，才能养活自己。

学在前，教在后。学生学是老师教的前提，老师教是学生学的补充或升华，内核不同，境界也就有天壤之别。学生的学，不是无的放矢，而是要有规范途径。有途径，学生的路才走得远。具体地说，就是做好学案。学案是老师实施教育教学的规划，也是备课的具体化。这具体化要渗透分层教育学的理念，让学优生有长足的发展空间，令学困生跳着脚摘果子。回回收获知识，回回收获喜悦，从而帮助学生从"要我学"到"我要学"，实现质的飞跃。

数学大课堂最显著的特征是引领学生既走进教材又走出教材，走进生活。具体做法是把数学书读薄，再把数学书读厚。薄到两三页，一如目录，厚到无穷无尽。学生们天天在生活，天天在运用，天天在充实，他们从课内拓展到课外，把外面的阅历内化为知识。他们从课外不断丰富课堂内涵，其一举手一投足都极具数学的形态。换句话说，他们走到哪里，数学就跟到哪里，他们生活到哪里，数学就跟到哪里，这课堂的宽度任数学家们也无法估量，也无法计算。这恰恰是数学大课堂的真实写照。

当然，数学有数学的特质，有数学的内核，我们务必夯实的是核心素养。

核心素养就是要提高学生的文化素质，充分发挥学生的主体作用。我在数学单项式乘多项式时，在黑板上写了这样一组算式：

$5 \times (1+2+3) =$

$5 \times (a+b+3) =$

$5 \times (a+b+c) =$

$m \times (a+b+c) =$

学生口头回答后，我再引导学生有次序地观察，使他们发现原来小学的乘法分配率到初中照样适用，只不过小学是具体数字，初中换成了字母而已。他们不仅轻松地理解和掌握了单项式乘多项式的算法，还逐步感悟到由一般到特殊这一数学规律。实践证明，这样教学不仅使学生学得轻松、学得主动，而且也使全体学生积极主动地参与了知识的形成过程，使学生的思维得到了训练，能力得到了发展，同时也使学困生体验到了成功的喜悦。

核心素养就是要提高学生的思维能力和思想素质。我常利用数学历史名人的故事对学生进行启发和思想教育。在教授勾股定理时，我先让学生按教材方法动手操作、猜想、证明，得出勾股定理。接着引入了中国最早数学著作《周髀算经》记载的商高定理——勾三股四弦五说法，再指出其比西方最早发现此规律的毕达哥拉斯早五百年，增强孩子民族自豪感和文化自信。最后展示了"邹元治证明 *a*""赵爽炫图 *b*""1876 年美国总统 Garfield 证明 *c*""欧几里得证明 *d*""利用相似三角形性质证明 *e*"，等等，让学生体会感知原来勾股定理有如此多证明方法，激发他们自己也去探索新的证明方法，帮助学生走出课本，走进探究式的生活。

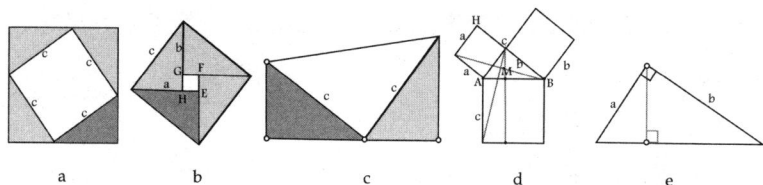

a　　　　b　　　　　c　　　　　d　　　　　e

凡此种种，我在设计课堂教案时，总是以数学教学走出教材、走进生活，将生活现象数学化，努力实现学生先学后教的学教构想，把数学学科的大课堂做得风生水起，收到了令人瞩目的教育教学效果。

初中数学教学与创新能力培养

摘要：初中数学教学中一个最重要的目标，就是培养中学生的创新能力。如何培养学生创新能力，找到培养和发展学生创新能力的有效途径，在数学教学中愈来愈显得重要。本文结合教学实际，从增强意识、激发兴趣、培养能力等方面谈一些浅显的认识。

关键词：数学教学；兴趣；创新能力

对学生进行创新意识、创新精神和创新能力培养是实施素质教育的重要内容之一。"创新是一个民族进步的灵魂，是国家兴旺发达的不竭动力。一个没有创新能力的民族，难以屹立于世界民族之林。"因此，创新教育已成为初中数学教学的一个重点。在实际教学过程中对学生创新能力的培养，已引起广大数学教师的高度重视。如何培养学生的创新能力，找到培养和发展学生创新能力的有效途径，在数学教学中愈来愈显得重要。本人在多年的初中数学教学过程中，十分注重学生创新能力的培养，收到了较为满意的成效，悟出了一些道理，下面谈一些粗浅体会。

一、建立和谐的师生关系，构建激发创造性思维的环境

和谐的师生关系和宽松的学习氛围是营造创造性思维的好环境。罗杰斯提出："有利于创造活动的一般条件是心理的安全和思维的自由。"心理上的安全能使学生积极主动地探求知识，而思维的自由才是发挥创造性思维的源泉。比如，教师在教学设计时，可以运用生活中的实例，也可以运用数学中的趣味故事来创设问题情境，使学生能积极、主动地参与到活动中来。再比如，在教学活动中，当学生的思维方向与教师不一致时，教师不要限制学生的思维，放手让学生自己动手，充分尝试，并通过各种途径去思考、探索并获得结论，这样可以充分调动学生的主观能动性，有利于学生通晓数学知识的发生和形成过程，从而激发学生的创造能力。

二、激发学习兴趣，培养和发展创新能力

（一）创设情境教学，激发学生的求知欲

创设问题情境来激发学生求知欲，对学生创新能力的培养是数学的灵魂。课堂上教师创设问题情境，以激励学生解决问题，通过探索获得积极的心理满足。因为只有感受真切，才能入境。例如，在教学"三角形三条边关系定理和推论"时，可要求学生每人课前准备一根木棒，教师自己准备两根木棒，课上请同学们拿着自己准备好的木棒，与教师的两根木棒围成三角形，并把每根木棒的长度记下来，引导学生观察分析这些记录下来的数据，哪些长度的木棒可以围成一个三角形，而哪些长度的木棒不能围成一个三角形。通过分析、研究，他们不难得出了这样的结论：三角形两边的和一定大于第三边，三角形两边的差一定小于第三边。除创设问题情境外，还可以创设新颖、惊愕、幽默、议论等各种教学情境。良好的情境可以使教学内容触及学生的情绪和意志领域，让学生深切感受

学习活动的全过程并升华为自己精神的需要，成为提高课堂教学效率的重要手段。这正像赞可夫所说的，"教学法一旦触及学生的情绪和意志领域，这种教学法就能发挥高度有效的作用"。

（二）培养学生的好奇心，点燃创新能力的火花

好奇心是科学发现的巨大动力，是创新意识的显态表现。美籍华人李政道说："好奇心很重要，好奇才能提问。"而提出问题正是创造的前奏。教师的责任之一就是要保护和发展学生的好奇心，激发学生的求知欲。实践证明，教学中充分激发和利用学生的好奇心，对培养学生创新能力和提高教学效果是十分有益的，而这一结果又能使学生的好奇心理得到进一步强化。例如，在讲三角形内角和定理时，可以这样设置问题：①把课前剪好的$\triangle ABC$纸片，剪下$\angle A$、$\angle B$和$\angle C$，并拼在一起，观察它们组成什么角？②由此你能猜出什么结论？③在拼图中，你受到哪些启发？指如何添加辅助线来证明。这样创设情境，使学生认识到$\angle A + \angle B + \angle C = 180°$，从而对三角形内角和定理有一个感性认识。同时通过拼角，找出定理的证明方法，让学生在动脑、动手、动眼、动口的实践中，观察能力得到培养，学习兴趣得到提高。

三、丰富数学课外知识，培养学生的创造能力

（一）联系实际，延伸课堂

培养学生的创新意识，要加强对学生应用意识的训练。在教学中，选择一些典型意义的问题，把它与学生较为熟悉的生活中的某些实际联系起来，引导他们联想有关知识，使实际问题"数学化"。再将数学问题进行分析、推理，提出解决问题的方法，从而增强学生创新意识，提高他们的实践能力。从初一抓起，向初二、初三辐射，真正起到增强学生应用创新意识的作用。如在初二几何教材四

边形这章中，配了好多有关对角线方面的习题，于是给学生编拟了一个联系实际的开放性问题：学校要设计一个四边形 ABCD 草坪，当它满足哪些条件时，这个草坪的对角线互相垂直？这样把数学知识融入实际生活，培养学生将实际问题抽象成数学问题和应用数学知识解决实际问题的能力，使学生思维能力、应用能力得到训练和提高。通过对不同问题的观察、分析、讨论，培养学生的创新意识，提高学生开放性解决问题的能力，体会数学在现实生活中的应用价值，从而激发学生的学习兴趣。

（二）贴近生活应用数学

在学生的实践活动中，他们很少谈数学、用数学，这正是我们教学的误区。我们要努力引导学生在实际生活中多谈数学、多用数学，要深入到学生中去，同他们一起用数学解决问题，为培养学生创新能力提供广阔的空间。如在讲利率时，教师让学生做了如下的调查：当地银行贷款的年利率是多少？对应储蓄的年利率是多少？请你把 100 元钱按年定期存入银行，到期后本息是多少？用你的观点分析一下，你若有一部分钱，是用来投资还是储蓄？通过这样的交流，使学生感到数学就在身边，也慢慢养成了用数学的意识。

如何探索一条适合学生主动发展，有利于学生创造能力培养的教学方式，成为我们面临的主要课题。这就迫切需要广大数学教师在教学中注重培养学生主动探索、敢于实践、善于发现的科学精神，将创新的教材和创新的教法有机地结合起来，把培养学生的创新能力真正落到实处。

参考文献

［1］孙继中 . 对初中数学创新教育的几点思考［J］. 潍坊教育学院学报，2007（4）.

［2］秦龙 . 初中数学习题教学中如何培养学生的创新意识［J］. 内蒙古师范大学学报，2007（2）.

［3］沈晓林 . 初中数学教学与学生创新思维的培养［J］. 科技信息（学术研究），2008（13）.

［4］陈龙生 . 关于初中数学教学中四种能力的培养［J］. 中国农村教育，2008（4）.

二十四节气与数学

教学目标

通过对二十四节气的认识，感知我国传统文化的博大精深，了解二十四节气申报为世界非物质文化遗产，并被世界列为中国古代第五大发明的历程，培养学生爱国情怀。

通过计算并用圆形轨道来对二十四节气进行排列分布，掌握二十四节气蕴含的规律，培养学生空间想象能力和推理能力，感知数学图形的美妙。

通过学习圭表测影法，感知我国古人的伟大智慧，激发对科学探究的兴趣。

通过制作简易圭表仪器，提升探究乐趣和增强探究思维，培养学生用所学知识探究生活现象、规律创新力。

教学重点难点

重点：掌握二十四节气在圆形轨道的正确排列及对圭表测影法的认识和探究。

难点：圭表测影法的实践探究。

教学过程

一、导入

欣赏"二十四节气歌谣"小视频，初步感知二十四节气，引出课题。

二、探究活动

(一) 探究二十四节气的排列分布

1. 说一说

(1) 你们知道二十四节气是哪些吗？（小组讨论，分四个小组逐句解读出节气歌蕴含的二十四节气，培养学生合作探究能力）

二十四节气歌

春雨惊春清谷天，夏满芒夏暑相连。

秋处露秋寒霜降，冬雪雪冬小大寒。

(2) 理解二十四节气，读读记记。

立春　雨水　惊蛰　春分　清明　谷雨

立夏　小满　芒种　夏至　小暑　大暑

立秋　处暑　白露　秋分　寒露　霜降

立冬　小雪　大雪　冬至　小寒　大寒

2. 算一算（培养学生从生活现象中提取数学元素，用学科知识探究事物的能力）

地球绕太阳自西向东逆时针公转一周便是一年，我们把太阳的运行轨道视为圆形，二十四节气间隔时间近似相等。一年中太阳垂直照射北回归线时便是夏至日，正午太阳高度最高；太阳垂直照射南回归线时便是冬至日，正午太阳高度最低。

①平均每个月有几个节气？每个节气大约间隔多少天？

$24 \div 12 = 2$（个）　　$365 \div 24 \approx 15$（天）

②地球每公转多少度便是一个节气？

$360° \div 24 = 15°$

③你能确定位置 A、B、C、D 的节气吗？

A 夏至　B 秋分　C 冬至　D 春分

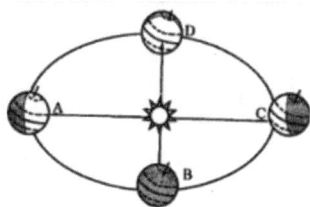

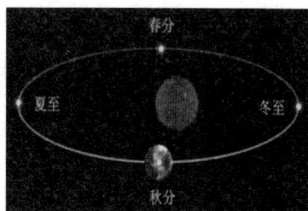

3. 画一画

我们把地球绕太阳公转的轨道看成圆形，请你根据地球公转方向在圆形轨道上标出二十四节气。（提供准备好的地球运行轨道图，让学生小组合作完成二十四节气排列图，增强对二十四节气的认识）

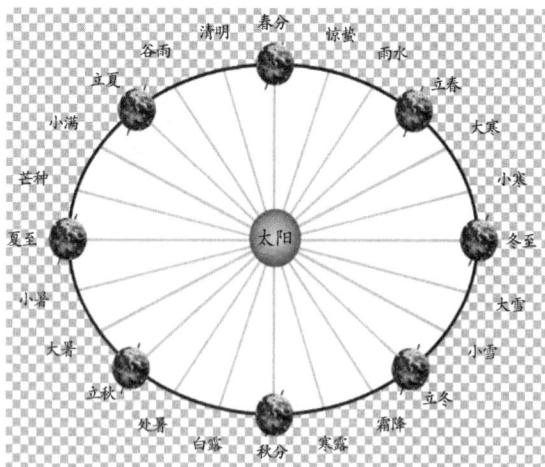

4. 辨一辨（把握生活认识的易错点）

小王和小丽在争吵，请你帮忙评评理。

（1）小王说立春是春天的开始，小丽说春分是春天的开始。

（2）小王说立春日是每年的 1 月 1 日（元旦），小丽说立春日是正月初一（春节）。

5. 查一查（实践探究活动的基本查阅资料能力）

立春，为二十四节气之首。立，是"开始"之意；春，代表着温暖、生长。二十四节气最初是依据"斗转星移"制定，当北斗七星的斗柄指向寅位时为立春。现行是依据太阳黄经度数定节气，当太阳到达黄经315°时为立春，于每年公历 2 月 3—5 日交节。干支纪元，以寅月为春正、立春为岁首，立春乃万物起始，一切更生之义也，意味着新的一个轮回已开启。

6. 观看二十四节气的新闻报道视频（思政教育）

央视新闻报道：二十四节气作为非物质文化遗产在联合国申报成功，也作为我国第五大发明载入史册。让学生感知我国文化的自信与骄傲。

（二）探究圭表测影法

1. 看一看（培养学生观看视频获取有效信息的能力）
视频学习圭表测影法，看看有哪些要点？

2. 学一学（让学生阐述，概括要点）
解读圭表测影原理。

3. 做一做（培养学生知识实践应用能力和探究能力）
圭表看上去很简单，我们来动手试一试。利用身边器材制作一个简易圭表仪器。（提供一些拼装积木）

（1）你在制作中有遇到什么困难？

（2）你的设计需要哪些改进？

（3）你对圭表测影法还有什么疑惑？

4. 对实践的探索研究

（1）下图（左）是我儿子拼的简易圭表，正午 12 点拍下的照片。仔细观察照片，你有什么疑惑或建议吗？（培养学生发现问题、分析问题和解决问题的能力）

（2）上图（右）是改进后的图影。仔细观察，你有什么发现或猜想？（对实践现象提出思考、猜想，培养学生大胆思考和创新能力）

我的猜想：（留给后期进一步验证）

①每天正午 12 点，表影最高点不会落在同一条直线上，很可能是条曲线。在同一直线上，最高影点应该不是每天的同一时刻。（对于轨迹我们可以用函数图像来分析）

②不论是直线还是曲线，应该都能记录节气的变化。

三、课堂小结

这节课你学到了什么？（学生发言总结）

四、实践警句

1. 实践是检验真理的唯一标准。

2. 质疑是创新的起点。

第四章

共育篇

满园春色醉红尘，
回首朝夕韵味增。
家校搭台孺子俏，
千花绽放灿山城。

刺头宝贝

看到邓水（化名）就烦，才闲下来，他又给你弄点儿事出来——掰铁栏杆，给政教主任逮了个正着。再说，即使没被现场逮住，监控又不是摆设。

毁坏公物是要赔的，这是规矩，也是铁的纪律。

"为什么掰栏杆，给我说一百条理由。"我也是狠角色，一般的学生，一百条理由谅他也说不出来。

"手痒了，止不住喽。""闷得慌，发泄一下。""想比比看，是我劲大，还是栏杆坚固?"……我细数了一下，居然有一百一十二条之多，都能自圆其说，让我哭笑不得。自己能解决的事情，我从不找家长。好多人认为，老师找家长，准没好事——告状呗，显得自己好没本事。

"还行，这一关算是过了。可掰断栏杆了，要么焊好，要么换新的，你自己定。"我笑。于学生，我从不说你该做什么，不该做什么。

"我没钱，你出!"他门槛上剁萝卜——一刀两段。

我盯了他半晌才说："也行，双休日帮我捡鹅卵石，两千斤。"

我也不是省油的灯，哪有白给的理。

至此，连续一个月，他都到我这里报到。

他从没干过农活，手脚虽然勤快，但力气小，往返的次数也多。到了吃饭的时间，我就安排他吃盒饭，且不白给，要加码。

他父亲终于找上门来了。从没听说他会电焊，但他还是很快就弄好了。"别告诉他，一切照旧。"家长一脸的笑容，稍停话头，接着道，"以前，针尖大的事也不动手，我就奇了怪了，最近像变了个人，特别勤快，准有故事。"

"为什么不通知我，我蛮配合班主任工作呀。"他话锋一转，半开玩笑半认真。

"屁大的事都告诉你，让你横插一杠，不显得我没有本事。"我实话实说。

"也是。嘿嘿。"他一点也不客气。

至此，邓水成了我家的常客，有事无事都要来溜达，直到初中毕业。

唉，我们班损失可大了，"陨落"了一位刺头，你觉得呢?

生活体验

十一点四十分，家长打来电话，声称天没亮，东东又偷手机玩游戏。那个"又"字的音调拖了半里长，很是刺耳，令我不舒服。

暑假差不多放两个月，如果隔三岔五玩个把小时游戏，可以放松心情、消除疲劳，也未必不可，恼的是又字后带了一个"偷"字。学习之余提出要求，在家长许可的前提下，陪伴着玩是我一贯的主张。

我也小过，且特贪玩。我们那会儿一点也不现代化、信息化，玩泥巴、玩陀螺、玩弹弓、玩风筝，哪回不是连"吃饭了"的呼唤也充耳不闻，从没听说哪家的大人因此惩戒过自己的孩子。

玩物丧志，那话打小就敲痛耳膜，还不是都没当回事，孩子们照旧疯玩，也没影响读大学。这话我可没说出口，可怜天下父母心，成龙成凤的愿望千古使然。

"也太贪玩了，照此下去怎么得了。经济本来就不宽裕，还给他报这班那班，简直浪费钱……"电话那头还在喋喋不休，我根本就插不进话。

"明天让他到我这里来，我让他玩三天三夜，直到睁不开眼睛为止。"学生想玩什么，我总让他们玩到饱、玩到厌、玩到倦，自然就不玩了。

"明天就不去你那了。我让他去工地，和他父亲一起打零工。"家长有自己的想法，我不好强求。

第三天吃早饭的时候，东东来了，毕恭毕敬地站着，等待我暴风骤雨般的批评。我笑了笑，让他坐，且随意。

"听说你拜了师，专攻作文，让我见识一下你的进步，以《昨天》为题，写一篇六百字的记叙文。"我一脸温和，直接切入正题。

我的用意，他懂得。我就是想看那位作文大师在一个月的时间里给了他多少"干货"，也看他在昨天的体验里有哪些收获。

不到一个小时，他交卷了。我戴上金边眼镜仔仔细细地瞧。不错，六百字出了头，符合要求。"又是开门见山。"我皱起了眉头，发现他的写作又回到了从前小学阶段的模式，有语言描写，也有动作描写，修辞手法却踪影全无，读完全篇，没留下任何印象。"你是怎么搬砖的？做个动作给我看。"他弯腰屈膝，马步浑然天成。"把它描写出来，用好动词，并捎带两个修辞手法。"我边看边提要求。

"结尾怎么回事？劳累了一天，没有一丁点想法？"我故作不满道。我对作文特别挑剔，会从思想、智慧、高度和个性四个方面去衡量。他听了这话，仿佛明白了我的意思，说："用钱容易，赚钱难，十二个小时，只领到一百元报酬。"

东东离开后，我及时与家长联系，告诉他们，工地搬砖这个办法不可取，下不为例。孩子太小，磨难一天，身心受到了摧残，得不偿失。并敬告他们，童工违背了未成年人保护法和劳动法。家长连连称是，我便不再说什么。

响鼓不用重槌敲，于学生，于家长，点到为止才是最得体、最科学的。

不一样的家长会

新生到校的第二周，我的家长会就紧锣密鼓地开场了。

我的做法与众不同。虽然学校把学生分给了我，我心里接受了，但面子上没有接受。家长陪孩子报到的时候，要写一份入班申请书，一是志愿，二是为什么要到我班求学，三是怎么做一个合格的学生。我这人喜欢"秋后算账"，如果做得不好，会随时拿出来让学生重温。这在班级管理上收到了很好的效果，家长们都认可并全力支持我。也有个别不想写申请书的家长，怕日后落下把柄，最后还是被其他家长说服了。

我的家长会，校长和年级主任都会参加，我们事前进行了商量，并商定了发言的主题。校长讲如何做一名合格的家长；年级主任说如何过好进入初中的桥；我做班级工作报告，有板有眼的，每每赢得了家长们如雷的掌声。

我强调最多的是家访。我这人与众不同，我告诉家长，只访问表现好的，进步大的，尤其是学优生。要是我三年没进你家的门，意味着你家的孩子表现得不够优秀。我喜欢用第一人称，绝不会用第二人称那样生分的字眼，因为我迫不及待地想与家长拉近距离。

"随时欢迎家长校访，我的大门是敞开的。希望家长们二十四小时开机，我要知道孩子们在家里的表现。"不瞒你说，做到这一点，不是一般的累，而是特别的累。

"我的教育教学永远没有标准答案，有的是学生的个体体验。"我力求让家长明白，学校不是育人的机器，不是件件产品都一模一样，必须承认孩子的个体差异，包括智力、养成教育和学习能力。

在我的记忆里，每个家长都是班级管理者。家长会上提的合理化建议，居然有二百三十条之多，表明家长们关注和重视孩子的学校教育和健康成长。

大家议论最多的是我的班级管理工作报告。因为人手一份，他们圈圈点点，有几个家长提出面对面加微信，创建家长群方便联系与沟通。反应敏锐的家长建议约法三章：一、不许扯闲篇；二、不得拉无关紧要的人入群；三、不得夹带私货。

第一次家长会的意义非比寻常，集中了思想，统一了认识，特别是家长们懂得了怎么做我班上合格的家长，以后协作起来配合得自然天衣无缝。这正是我带出与众不同的班级的窍门。

也找优点

这个班的学生有点怪，好指责对方："就是他的错。""他惹我的。""哪个要他讲我的坏话。"学生们在一起学习和玩，难免磕磕碰碰，难道道个歉好难吗？想都别想！

"瞎了你的眼，踩得人家不痛呀！"红红柳眉倒竖，呵斥对方。

"你算什么东西，明明你踩的我，猪八戒倒打一把——恶人先告状，反咬一口！"谁也不让谁，一直扯到办公室要我评个理、断个是非。

"你们继续表演，老师只想当裁判，断个输赢。"面对这群孩子，恨也不是，恼也不是。

于是，我把消息发到群里，通知他们我要办家长短训班，培训家长。

看到群里整整八十位家长，我傻眼了。五十个学生怎么来了八十位家长？我知道有不少是蹭训的。既来之则安之。

我问家长们："你们起床的第一件事干什么？"有答上洗手间的，有答睡回笼觉的，有答刷视频的，答案五花八门。

"有没有嘴对嘴的？有没有找优点的？清晨亲嘴的家庭情商高，

清晨找优点的人智商高。"我说。

不少家长说，不晓得找优点有什么好处。我搬出了学生吵嘴相互指责那件事，并简明扼要地复述了一遍。"请大家猜一猜，这是谁家的孩子？猜中了有奖，至于奖什么，先不告诉大家。"我走下讲台扫视了一圈，用目光与大家交流，"可以肯定的是，夫妻之间一产生摩擦，便数落对方，一二三四五，互不相让，头头是道。这种夫妻关系快走到尽头了，就差捅破离婚那层窗户纸了。我这样一提示，你们肯定想到了谁。谁？到底是哪个家庭呀？请举手。"

"找优点的家庭，意味着爱还在保鲜，爱情之花还璀璨。找优点可以在夫妻之间进行，可以在父子（女）之间进行，可以在母子（女）之间进行。眼睛里盛的全是对方的好，说明双方的魅力尚在，仍在深深地吸引着对方。至于两代人之间找优点，又另当别论。一个专门找优点的家庭，才是充满正能量的家庭，这是家风，也是家庭文化。"好多家长眼睛一亮，豁然开朗起来，纷纷表示，回家就做这个家庭作业。

经过一段时间的磨合，源于家长们的表率作用，很快地，相互指责那棵歪脖子树轰然倒塌了，取而代之的是风清气正的人文环境。

致人宁静的书籍

小李一进办公室就嘟囔："烦死了，烦死了！一到开春，学生的话就多了起来。"他把教科书和备课本往办公桌上一扔，情绪颇有些躁动。

其实，每一届都差不多。初二下期，浮躁、喧哗，教室的屋顶似乎都要被掀起来了。

上过我班课的老师都知道，我班的孩子们也有这些情绪，只不过反应轻些。别的班上惊涛骇浪，我的班上则微波荡漾，一派宁静致远。

我也曾有过同样的苦恼，甚至被搅得难以入梦，在庭院里踱了一圈又一圈。"看会儿书吧，也许情绪会有所改观。"起夜的夫人见我那般，便建议道。我不信书能让我安宁，但也没有别的办法，就当"病急乱投医"吧。

我们家什么都不多，就是书多，早些年喜欢逛书店，每次都要抱些书回来。"不吃饭了，大把大把扔钱，又不能当饭吃。"夫人好掰着钱过日子，希望好钢用在刀刃上。

我笑笑，解释道："老夫我就好这一口，每顿少吃半碗，就省出了书钱。"日积月累下来，少说也有万余册。

我喜欢有哲理性的《最美文》，买来好多年了，一直忙于教学，冷落了它，积了一层厚厚的尘埃。我用鸡毛扫帚掸了掸后，就如老僧打坐，摆了个姿势，开始神游书海。

先是《方式和方法》《我看国学》，接着是《像三角梅那样好》《你能得到多少分贝的掌声》，后来还读了《朗诵的力量》……竟迷迷糊糊睡着了。

"吃早餐了，爸爸!"儿子左摇右晃我才醒来，好久没有睡这么香了。

读自己喜欢的书能调节情绪，这道理我早就知道，只是一燥热把书忘到了脑后。

我把班里学生的现状发给家长们，建议大家买几本孩子们喜欢的书，指明这对于培养学生健康的心理和增长知识百益而无一害，并端出了自己的心得。

家长们纷纷响应，指导孩子们挑选。也有几个家长哭穷，本来就不宽裕，这样一来，雪上加霜。还听有人说，老师书多，随便拿几本书给孩子看看，效果一样。也有人说，学校有图书室，上那借不就可以了。那时还没实行九年义务教育，图书室原本书就不多，只对教师开放，我向个别家长说明了这个情况。

几天后，我把学生们书包里的课外书集中起来，创建了一个图书角，供大家阅读。很快，大家沉浸在书海里了，是那样痴迷，那样陶醉，仿佛经历了知识的洗礼，身心愈加纯净起来了，精神面貌焕然一新。这一过程我写成了论文，发表在《教师报》上。而关于读书的讲座，我每个学期都要在校内校外讲三五场。

接着，我向年级主任建议，召开一个班主任会议，制定"好读书、读好书、读书好"活动方案，在全年级掀起了读书热潮，还成就了我这篇《致人宁静的书籍》。

家教征文

　　家长会后，部分家长久久不愿离去，围着我问这问那，最头痛的问题莫过于"越来越不会带孩子了"。

　　诚然，现代社会的变化太大了，不单是家长跟不上变的节奏，就是学校的老师，面对新情况也每每束手无策。都说众人拾柴火焰高，那就发挥集体智慧吧，来一次"家教征文比赛"。

　　校长非常支持，鉴于情况特殊，不适合大面积铺开，就在我们班试点。写方案，忙了一整天。消息一发出去，点赞就如雪片般飞来。家长们的热情如潮，越涨越高。

　　张珊珊家长约我谈构思，定选题；邓达森家长发来提纲，请我参谋；林小丽家长亲自上门，抱来了谱头，那是他们的宗族文化，说是教育子女的最佳范本；周大兴家长更有意思，给我发来几段《傅雷家书》，说与孩子交流一直用这个……

　　我兴奋不已，一一回应着家长，再忙都要放下手头的事情，毕竟教育是大事呀。

　　作品陆陆续续汇集过来，家长们的文化水平参差不齐，我做了文字和语法上的修改之后便存进了电脑。

截稿时间一过，我一统计，居然有一百二十八篇。每个家长都有大作，仁者见仁，智者见智，风格虽然不同，见解却大同小异。

在要不要组建评委团队上发生了分歧。德育校长说还是不定等级好，免得挫伤家长的积极性。这话有道理，那就只用不评。

这群家长里有成功人士、爱心人士，经费不是问题。我又约了几个老教师，请他们加工润色，并铅印成册，让学生与家长各执一份。家长们自学，学生们课外阅读，有时也集中学习，集自主学习与协作学习于一体，效果非常好。

见有教学好方法，同事们纷纷登门询问，其他班级的家长也闻讯上门请教。"没有了，没有了！"供不应求哩。家长们不愿空手而归，非要拿我的孤本复印，当然也有索要电子档的。

但在没经过作者同意的前提下，我这个当班主任的不能独断专行，可不能把他们的智慧成果乱送人。

故事还在继续，学生写作文的时候，只要涉及家教这个题材，他们便有取之不尽、用之不竭的灵感。爱吹牛的孩子，开口闭口我的父母，我的老师，那册子在潜移默化中推动了学生的养成教育。

你还别说，教育这东西，找对路了，总有意外的收获。

开一回小灶吧

教了几十年书，还是第一次遭遇这样的尴尬。那位叫林聪的学生读七年级了，认识的汉字还不满一百个。

幼儿园三年，小学六年，学校老师和家长做什么去了？一天教孩子识一个字，也不至于如此呀。

原来，他的家长一直在外地打工，监护人是目不识丁的爷爷奶奶，让孩子吃饱是他们的育人理念，致力于让孩子长大成人，其他的一概无能为力。

虽然我无权过问以前的老师们都做了些啥，但我相信他们的良心会受到鞭答。

我对学生进行了多方测试，智力没问题，只是学习习惯还在起跑线。幸运的是他爱好美术，素描人物栩栩如生，属无师自通那种，与生俱来的吧。

这时，为了不耽误孩子，他父母回乡创业，办了一家餐饮店，总算有时间陪伴孩子了。

学生识字太少，以至于无法听课，当务之急是让他在短时间里突破一千八百个常用汉字大关。

我把他带在身边。我上课他进教室，我不上课就单独辅导他。从汉语拼音起步，结合看图识字，把形象教学法倒进"小灶"里。看起来他颇认真，我念一句，他跟一句，但是我不念，他就忘记了，急死人！今天教的，过一天就忘记了，是记性不好，还是根本没当回事儿？

　　童谣是个好东西："虫虫虫虫飞呀，飞到菜园里呀，吃了外婆的菜呀，害得外婆没菜卖呀。"

　　"摇啊摇，摇到外婆桥，外婆请我吃年糕，左一糕，右一糕，我是外婆的好宝宝。"他都会哼，只是有些字不认识。

　　眨眼寒假到了，我登门送教，每天两个小时，由家长督查教学效果。

　　还是习惯那家伙惹的祸。老师一离开，他就开始玩手机了。手机里的东西他都熟悉，还是无师自通呢。

　　游戏是最好的学习方法，我们玩起了对对碰，发挥偏旁部首的作用，经常碰出天真的朗笑。无意中，我瞅见了他放置屋角的卡片。"你买的吗，字都认识？"他告诉我，有的认识，有的不认识。

　　我与家长约好，下次他们一起出门的时候，要带聪聪认招牌，记不住没关系，一回生，二回熟，次数多了，也就不陌生了，总有一天能记住。就像孙悟空永远也逃不出如来佛祖的手掌心，压在五指山下也就顺理成章了。把汉字握在手心里，也是迟早的事。

　　等家长打烊，回到家就晚上九点到十点钟了，他们不顾一天的劳累，一坐下来就帮聪聪巩固当天学的东西。家长特别会教孩子，他们让孩子当小老师，把当天学的汉字，各教父母一遍，说老师怎么教你，你就怎么教我们。聪聪特别认真学，不然他晚上就没办法教父母。有压力，才有动力，聪聪识字的数量大幅度提升。

冬去春来，聪聪不再似懂非懂了，还能做一些简单的笔记，单元测试时也发现他认识的字已由先前的个位数上升到十位数，识字的劲头开始大了起来，他终于尝到了被老师和家长夸赞的甜头。

"不落下一个学生"是初心，也是使命。我知道，教好一个学生，便幸福一个家庭。

"感恩老师，他教我尝到了学习的甜头。"聪聪把这句话写进了日记。他的日记虽然简单、粗糙，至少表达了心声，足以令人欣慰。

如今，不提倡给学生加压了，特殊的孩子，应该采用特殊的教学手段。当然，放弃一个学生容易，培养一个学生难，尤其是没有打好基础的学生。小灶还要继续开，任何时候都有"另类"的学生，需要特别的关爱。

人生可不能短路

"短路，班上的灯泡烧光了，快查查原因。"电工打电话给我，不到半个月，这已经是第六次了。

"电那东西我不懂，得你明察暗访，我全力支持。"我生来怕电，连换灯泡都有劳太太。

"人为的，为什么总要我点透？"原来如此！

这次，我要当一回侦探了。一个星期下来，连一星半点线索都没找到，灯泡却又烧了两次。

好在科技发达，对付这样的小动作不费吹灰之力。

他浮出水面的时候，我诧异得眼珠子差一点掉下来。张秋林可是我最得意的门生，不光忠厚老实，成绩也是棒棒的，是全年级前十名，好好栽培进重点中学的素养班那是大有盼头的。真是面忠人不忠，肚里打雷公。

"不想说点什么吗？"我让班长把他请到办公室的时候，和颜悦色道。

"我没有做那事。"他一进门就辩解。

"哪事？"我紧追不放。

"不就是电短路，烧灯泡那事嘛。反正我没做，你不能冤枉我。"寡白一张脸，一进门就急于撇清。

"我还没说找你什么事，你就急于撇清，不正是此地无银三百两吗？"我让他坐对面，便于观察表情的变化。

"你不能平白无故地冤枉我，断案可是要重证据的，你得拿出证据来。"他有些脸红脖子粗，颈部的血管一根根勃起。

我打开手机，让他看经过。

这回让他目瞪口呆了，一脸迷惑："老师怎么有这东西？"

"若要人不知，除非己莫为。"我有些得意，拍了拍他的肩。

"为什么这么做，给我一个满意的理由，不处罚你。"这倒撩出了我的兴趣。

"我不告诉你。"他扔下这话，再也不开口了。

"老师，真对不起，我没教育好孩子，给你添麻烦了。"快要上晚自习的时候，家长送来一百根日光灯管。我没告诉家长，他却亲自上门致歉，真是好事不出门，坏事传千里。

家长告诉我，同学们与他打赌："我就不信老师背后长了眼睛，再聪明的人，没抓住现形，打死我也不说。"他一脸难以置信，才有了后来的恶作剧。

家长的吃惊原本不亚于我。

学生的过错因老师而起的，"比谁更聪明"。多么荒唐的想法啊！源于荒唐的想法，导致荒唐的行动，造成严重的后果，所幸的是人为的短路没有造成火灾。

一放学，家长就和我在微信探讨孩子的内心世界。说实话，这还是第一次遇见，我也支支吾吾说不出个所以然。

家长主动约我去郴州，咨询心理导师。

孩子好奇，不相信老师比他厉害，滋生比一比的念头，没有预计将会招致的严重后果。

都说老师会察言观色，一而再，再而三，我也没有找出蛛丝马迹，倒是我的脑门差点拍烂。

不得不承认，孩子的确聪明，但聪明用在正道上，能创造奇迹，用在歪路上，只会造成严重的后果。我没有讲大道理，只是抽丝剥茧般，还原事情的真相，让他细咀慢嚼每一个细节，于反省中得出结论。这样的个体体验，显得尤为重要。

我和家长终于长长地吁了一口气。经这一事，孩子明白了什么事能做，什么事不能做，比老师和家长给他一千个答案都强。

最美乡村教师

　　"我是一个有思想、有智慧、有高度、有个性、有作为的乡村教师。从政治角度来说，我忠诚党的教育事业，坚持教书育人；严于律己，宽以待人，与人为善，积极进取；追求美、塑造美、成就美，以个人的人格魅力，影响同事，成就学生；学管理，用管理，建构乡村学校管理新模式，在教书育人、智慧管理等方面做出了政府满意、学校满意、家长认可、学生认可的骄人业绩，成长为一位杰出的共产党员、优秀的人民教师。"夜深人静的时候，我这样评价自己。

　　可是，有一天一位白发苍苍的老人敲开我的房门，开门见山地问："你是最美乡村教师吗？我孙子在你班上，如果不是，我来培养你。"说话好直接。我盯了他半晌，这人确实没见过。

　　"欢迎，不过……"我赔着小心。"没有例外，记住，永远没有成熟的老师，有的是不断成长的老师，要继续学习……"说话的时候，他手不停地往上扬，借手势助力。

　　我一直在充电。中师毕业后，我继续深造，就在六年前拿下了郴州湘南学院数学专业函授文凭。我一生致力于乡村教育，二十年如一日，扎根农村开自己的花、结自己的果。农村教师都是杂家，提倡一专多能，于思政、于历史、于地理，无论哪一个学科，都做得风生水起。比武课、大赛课、公开课、示范课，每个学期每个年度课课有新的见解，课课有创新思维，课课荣获等级证书。这些都是埋藏在心底的话，从没摆到桌面上过。

"你的古代文学水平如何？数学老师汉语言文学不行，永远也成不了好老师。"老人好像从没正眼瞧我，按自己的思维一直絮叨着。

我不是夜郎自大的人，多少有些自知之明。每年的述职报告都有那些字眼：有较高的驾驭课堂教学能力，追求个人风格，讲究课堂艺术，特别是数学教学、课堂教学与特长培养相得益彰。选范例，精益求精，连微小瑕疵都不放过；培训特长生，举一反三，精雕细刻，专注于学生个人体验，擅长于技能技法指导，既引进门又督修行，不仅大赛频频拿金奖，数学合格率100%，优秀率历年在85%以上。自打执教数学起，我就主张数学知识生活化，日常生活数学化，倾力建构数学知识体系，不断完善自创的"六步教学法"，在行业内引起广泛关注，成为干一行、爱一行、专一行的典范。我倾心教育科研，大课题、小课题苦心磨砺，穷其心志，功夫不负有心人，成为厚积而薄发的典型，得到主管部门和县委县政府的嘉奖，荣誉证书和优秀称号也频频捧回。不仅自己获得了荣誉，也为学校挣回了荣誉。

"听说你一直担任班主任，还当过副校长，一定要记住哟，一个好班主任等于一个好班级，一个好校长等于一所好学校。"老人的声音洪亮，每一句话都掷地有声。

那还用王婆卖瓜自卖自夸吗？我一生致力于班级管理，做大学生自治文章。把心思用到极致去培养学生干部，指导学生创新管理思维，出能力，出人才，优秀班干部、孝心美少年层出不穷，成为学生的榜样，也成为教育学生、成就学生的活教材。特别是我被提拔为副校长之后，哪一天不是尽职尽责做助手，出主意、想办法、求外援，没睡过一个囫囵觉——学校的活动一个接一个，利用多媒体传播，让公众号发挥巨大作用，每一次现场直播，收视率都在万数以上，最高的达四万人次。最值得一提的是，《最美乡村教师》经媒体推出后，点击率达二十六万人次，获得了广泛的社会认可。

"听你们书记说，你最擅长家校共育。我拿过省级金奖，做你的师父绰绰有余吧。"老人一点也不谦虚，也许退休后落差太大，没事找事做。

确实，我一直致力于家校共育课题研究，一有空就走村串户。家访是本人班级管理和学校管理最大的亮点，也是最行之有效的途径之一。我首创学生成长档案，比教育行政主管部门的要求超前五个年度。我创新工作思路，在新生入学的第二周便召开家长会，提要求，提建议，告诉家长如何教育子女，如何做一个合格的家长，效果显著。我创新管理体制，把家长纳入班级管理、学校管理程序，让家长主动作为。我在班级开展家教征文比赛，博采众长，并装订成册。家长读，学生学，让双边活动发挥最大效益，真正做到了一切为了乡村教育，为了乡村教育的一切。

"我怎么从来没有见过你？精准扶贫那会儿，我可是东部片的联络员。"老人还在喋喋不休……

我不是喜欢表功的人，作为学校专项分管教育扶贫的领导，我特别有爱心，特别关注特困生的精准扶贫和学有所成。我充分利用个人的人脉，为贫困学生分忧解难，十余个企业家长年资助贫困学生完成学业。与此同时，我还致力于扶心，让贫困孩子的内心强大起来。我的一些先进事迹在当地广为流传，那年还被县教育局评为"教育扶贫先进个人"。

"看得出来，你很虚心。要晓得一分耕耘，便有一分收获。"敢不虚心吗？连对方什么来头都没弄清，言多必失呀。万一是明察暗访的，踩响地雷就不值得了。在学校的一亩三分地，扯出荣誉这个话题，如果我说获取的荣誉排第二的话，就没有人敢争第一了。据不完全统计，正高职称以来，能统计上来的荣誉证书近四十个，还都是近几年的，早些年的经历多次搬家，已经难觅真迹了，可见我不算有心人。你还别说，我也看重荣誉，追求荣誉，完善荣誉，尤其享受经营荣誉的过程。细而分之，有优秀培训师、优秀班主任、优秀指导教师、先进个人称号；有校级的，也有县级的，令人眼馋的是一专多能；获奖的论文证书有德育、法治教育及生物、心理学等方面的，林林总总。特别值得一提的是，我曾多次荣获中共宜章县委县政府的嘉奖，成为宜章县教育界为数不多的师德师风标兵。

送老人出门的时候，我幽默了一下："我也是祖国的花朵，期待师父浇灌。"

老人挥挥手，转身离去。

回屋的时候，我心里依旧有些不舒畅。他要培养最美乡村教师，凭什么？凭他孙子在我班上？这事如鲠在喉，一时转不过弯来。

那日，与家父闲聊，又翻了出来。

"哪一个教师的成长离得开学生家长的配合？学校给了你一个从教的平台，你才有了用武之地。你和家长共同教育孩子，你也从学生身上、从家长身上学到了好多东西。你经常说教学相长，怎么忘这茬了呢?"父亲一脸慈祥，他懂的道理真的比我多。

　　想想也是，我们常常倡导家校共育，这"育"我理解得好狭窄，总把注意力凝聚在学生身上，当家长要培养自己的时候，习惯了教学生的我，反倒有些失落。第二天，我从总务主任那里要了一套课桌，是给自己准备的。我们班的讲台上，经常有家长队伍中的行家前来交流，我要和学生一道，接受他们的再教育……

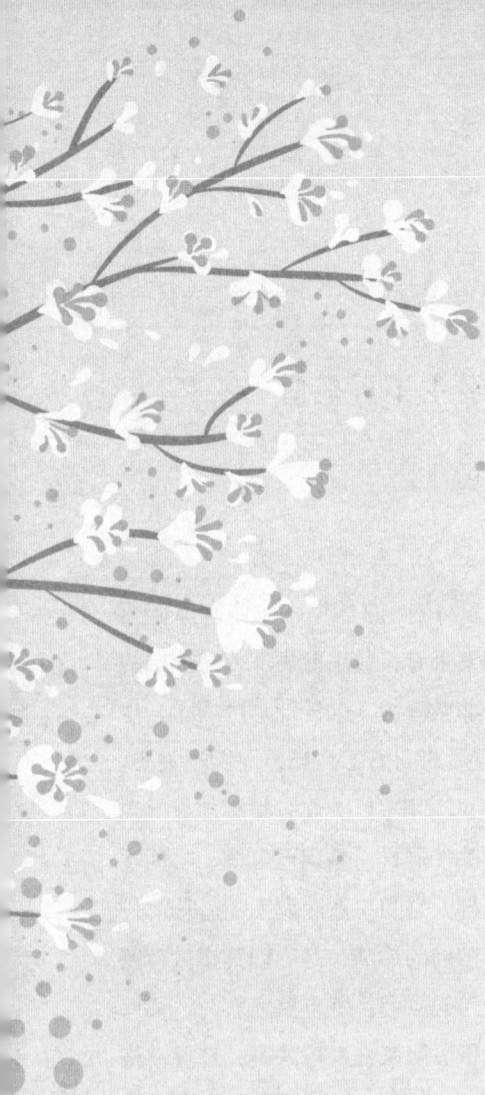

第五章

养心篇

心怀弟子总关情，
雨过天晴笑靥喷。
莫笑书童痴故事，
万般游戏好扎根。

让性格内向的学生不再孤僻

人的个性是有差异的。一些性格内向的学生往往伴有孤僻行为。从这些学生在校情况和心理档案来看，其主要表现为对周围的人和事漠不关心，似乎毫无感情，非常冷淡。如任课老师病了，他们担心的是没有老师上课，至于老师的病情怎么样，他们不关心。即使同班同学病了，他们也不关心，不闻不问，你去提醒他，他也感到无所谓，对待同学感情比较淡薄。同样，当自己苦恼、心情不舒畅时，找不到朋友倾诉，感觉人与人之间关系冷漠无情。凡此种种会影响其个性的健康发展和良好行为的形成，是心理健康教育要解决的重要问题之一。造成这种行为的原因，既有家庭教育，又有学校教育。所以，心理辅导教师应积极和家长取得联系，掌握性格内向学生的特征，有针对性地共同进行教育，因势利导，充分调动学生的主观能动性，使之逐步改掉行为的孤僻性，使身心得以健康发展。

其实，大部分学生从出生一直到上学前，联系最多、关系最密切的是母亲，如果从一开始就让孩子本能地感到母爱，这种爱使孩子得到安全感、满足感、依恋感，那么孩子的性格就是健康的活泼型。如果孩子早期不能对某个亲近的人形成依恋心理，就会影响他发展人际关系的能力，变得孤僻、离群、不愿与人交往。到了学校，因为这种学生属于"中间型"，各个方面的表现不好也不坏，没有突出的语言和行为，也就是说，两边都不冒尖，所以往往引不起老师的注意，最容易被忽略。因此，家长和教师首先应无条件地从心理上接纳和理解他们，并通过自己的语言表情、行为动作经常向他们表示关心和爱护。其次要引导其他小朋友同情、关心和爱他们，比如主动地找他们玩，做游戏。如果遇到缺课，主动看他，帮助他，等等。同时，教师和家长还要有意识地引导他们主动关心和爱老师、家长和其他的同学，让他们在关心他人的过程中得到情感补偿，同时也提高自我补偿能力，及时弥补自己感情的缺失。

对性格内向的学生，家长和老师都应注意特别培养和保护他们的自尊心，多鼓励他们运用自己的感官和能力，通过各种活动（包括玩耍）去接触周围世界，去观察、去思考、发现和尝试。在玩耍中学习并积累丰富的心理体验，使他们在心理上得到满足，并逐渐形成一种优越感，从而满怀信心地去参加各种社会活动。

作为教师，应在心理健康活动课上，创造各种促使他们与他人主动交往的机会，不断拓展其交往的内容、范围。为他们创设排除交往障碍，尝试交往成功体验的情境，指导他们提高交往能力。

应该注意的是，在以上两种教育的过程中，由于这些学生刚开始学会交往，缺乏是非判断能力，且易冲动，易受外界影响，喜欢模仿，难免会出现这样或那样的过失。对此，家长和教师要学会用眼神或指导性语言来制止或批评。尤其家长，不要对他们施以严厉的、粗暴的批评或指责，更不能打骂、讽刺、挖苦，以免挫伤他们刚刚萌发的主动性。

对于这些学生，应特别注意使他们经常处于和睦愉快的氛围里，这有助于他们形成活泼开朗、积极向上的良好情绪。因此，家长和班主任教师可以通过引导他们完成力所能及的任务，使其体验成功的快乐，这实际上也培养了他们主动积极的社会行为，消除了孤僻、畏难心理。教师还应指导家长对孩子说话和蔼可亲，切忌打骂。告诉家长，打骂孩子只会让孩子对父母望而生畏，心情处于紧张状态，行为变得更拘谨、孤僻。还有，父母之间的口角和赌气，以及邻居间的争吵、影视中的斗殴等，都会引起他们恐惧、害怕，使其更孤僻、畏缩。当发现有的学生遇到什么不愉快的事情时，家长和教师应该及时设法转移他们的注意力，引导他们做喜欢的游戏，或听音乐、唱歌、讲故事，或者跟其他同学一起去玩。大家一起参加活动，就可以克服他们的消极情绪，恢复他们的愉快心情。如果性格内向的学生经常处于愉快的环境中，就能为他产生积极情绪，为克服消极情感创造条件。

性格内向、行为孤僻的学生虽然为数不多，但必须引起家长和学校的注意，共同努力从心理上帮助他们、教育他们。使他们改变孤僻的行为，个性得到健康的发展，培养良好的行为习惯。只有这样，才能让他们健康、活泼地成长。

乐天乐地乐人

渴望人生的愉悦，追求人生的快乐，是人的天性，每个人都希望自己的人生是快乐、充满欢声笑语的。快乐是一种积极的处世态度，是以宽容、接纳、愉悦的心态去看待周边的世界。月有阴晴圆缺，人有悲欢离合，生活也是由哭与笑、风雨和彩虹、成功与失败组成的。而乐观与悲观，就像是阳光与阴影存在于我们的生活中。那么如何拥有乐观的心态呢？每天微笑着迎接风雨与彩虹，面对现实，面对困难与挫折，是掌握人生命运必须具备的心态之一。

暑假，邓亮（化名）一家自驾旅游。一场意外，一死两伤，他也失去了一条腿。从此他整天愁眉苦脸，课堂上总垂着脑袋自责，要不是自己固执，就不会有那场悲剧了。

既然事情已经发生了，怎样才能使他找回乐观的心态，让乐观成为他不可或缺的维生素滋养他的生命呢？

对于这个时候的他来说，乐观这两个字说起来容易，做起来难。英国思想家伯特兰·罗素曾说过："人类各种各异的不快乐，一部分是根源于外在社会环境，一部分根源于内在的个人心理。"

也就是说，悲观可以随处找到，但要做到乐观，就需要智慧，必须付出努力，敢于面对现实，才能使自己保持一种人生处处充满生机的心态。

整整一个暑假，我带着他到长沙参加短期心理培训。讲师们讲课之后，与之进行一对一沟通。这个过程是排外的，换句话说，不会有第三者在场。

返校之后，邓亮成为学校独特的风景：左脚短了三寸，走路像撑船，围观者众。

他却始终微笑着走自己的路，从不在乎背后的指指点点。很难应对的时候就装聋作哑，不与任何人计较。但他的内心颇为平静，写了一系列残疾后的作文。每篇我都看了，没有指责，没有谩骂，没有伤感，篇篇充满正能量。我让学校的"校园之声"做了播报，好多同学听着听着便埋下了头，为自己的无知忏悔。

的确，人们无法通过自己的努力去改变自己的生存状态，但可以通过自己的精神力量去调节自己的心理感受，尽量地将其调适到最佳的状态。邓亮每天都写励志文章，将自己不幸中的幸运诉诸笔端，呼唤人间真情，做得风生水起，令人钦佩不已。

那天下午，我们在校园的林荫道上散步，边走边聊，他无限感触道：要拥有乐观的心态，首先目光就要盯着积极的那一面，就如太阳落山后，伴随着黑夜的来临，还可以看到满天闪烁美丽的星星一样。我终于明白了，他经营的每一个文字都是闪闪发光的星星，构成奇妙无穷的宇宙，撩拨人们遐想，挑逗人们去探究……他终于长大了，真正懂得世界是向微笑的人们敞开。乐观是人们快乐的根本，是困难中的光明，是逆境中的出路，他在乐观中收获了果实，收获了成功，改变了现状。

以不同的心态去看待身边的事物，就会收到不同的效果。我以邓亮的实例举办了一次征文活动，全班同学都置身其中，顺利实现了角色的转换，经受了情感暴风骤雨的洗礼。那一夜，读学生们充满思想、智慧、高度和个性的文章到雄鸡唱晓。我欣然命笔：乐观的人总能从平凡的事物中发现美，生活中从来不缺乏欢乐，只要你用心去体会。也正如一位智者所说的那样："一个人感兴趣的事情越多，快乐的机会也越多，而受命运摆布的可能性便越小。"同学们应拿出面对生活的勇气，不要总是抱怨逆境，也不要把逆境当作是一种不幸，而是要用积极乐观的人生态度，透过脏兮兮的玻璃看窗外美丽的景色。这些话，成为那期墙报的前言，好多同学把它抄在了日记本上。

学校教育什么都不缺，缺的是挫折教育，好长一段时间我们都忽视了这块自留地，该重新耕耘了。

我们把家长们请进学校，讲他们的年少，讲他们的迷茫，讲他们的不好意思。每一个章节都令人百读不厌，特别是那些勾人魂魄的细节，让人久久不能忘怀。好多同学将这些意外的收获当作文章的素材，创造出几十篇上乘的少儿佳作。是呀，孩子们无论何时何地，无论做什么事，都要端正自己对生活、对学习和对别人的态度，要学会用积极的心态去发现生活中人或事美好的一面，热情地生活、愉快地求学，以乐观旷达的胸怀轻松地过好每一天。

乐天乐地乐人，不再抱怨命运的不公，不再抱怨上天给予你太多的磨难。无论在多么困难、恶劣的环境里，都要学会换一种观点、换一种眼光、换一种心态看待所遇到的每一件事情。

每年的极限夏令营，我们班都有四位同学报名参加。在历经磨难之后，百余名选手中到达终点的只有个位数，我们班占了一小半，没有一个放弃，再一次佐证了挫折教育的实效性。乐天乐地乐人，真的能乐出一部耐人寻味的经典。

让每一位学生都能成才

和同事聊天，常扯到培养学生的话题，有的老师看人下菜碟，厚此薄彼，令人伤心。我最喜欢的一句话便是"手心手背都是肉"，不求个个优秀，但求人人成才。我不仅是这样说的，也是这样做的，理由有三。

一、让每位学生都能成才的迫切性

我国基础教育改革和发展是从应试教育转向素质教育，而素质教育的根本目标是使全体受教育者在身心各个方面都得到充分自由的发展，学校工作的一切为了学生，为了学生的一切。为了一切学生，即让每一个学生都要成才，这是国家教育方针所确定的根本目标，作为学校只能遵守，不能违反。

随着全球一体化进程的加快，国家间、地区间、企业间、部门间的竞争更加激烈，"物竞天择""优胜劣汰"将成为普遍的社会现实，没有科学文化知识的体力劳动者将很难适应社会的需要，全体社会成员都需要有一定的科学文化知识，都需要有一定的专业才能。这种现实也迫使学校把每一位进入学校的学生都培养成才作为奋斗的目标。总之，让每一位学生都能成才，是当今社会现实的迫切要求，也是决定学校能否在今后的社会中立住阵脚的关键因素之一。

二、让每一位学生都能成才的客观可行性

苏联教育家苏霍姆林斯基曾经说过："没有不好的学生，只有不好的老师。"这句名言告诉我们，学生都是好的，学生不好的责任在于"不好的老师"，即好老师能教好所有的学生，好老师能让所有的学生成才。他还说："你在任何时候，也不要急于给学生打不及格的分数。"我想，他这里讲的是对学生评价的指导思想和做法。在这里特别注意"任何时候"，任何时候都不要急于给任何学生戴上"差生"的帽子。著名教育家陶行知先生也曾批评教师对差生的评价："……你的墨水笔下有冤魂，你的教鞭下有瓦特，你的冷眼里有牛顿，你的讥笑里有爱迪生。"先生的批评多么中肯啊！发明蒸汽机的瓦特可能被教师鞭答，创立"万有引力"定律的牛顿可能受到教师的讥笑，总而言之，教师认为的差生很可能就是一位很有发展潜力的天才，可见教师对差生的评价是不客观的。近代生理学告诉我们，如果人的某种生理机能丧失，那么他的其他生理机能就会得到加强来弥补这种缺陷。如盲人的视力丧失，那么其听力和嗅觉就一定会被加强，弥补视力的缺陷。这种有缺陷的人在其他方面很可能超过常人，这已被无数的事实所证明。

马克思说："搬运工与哲学家之间的原始差别要比家犬和猎犬之间的差别小很多，他们之间的鸿沟是分工造成的。"这就是说，搬运工这种简单体力劳动者和具有高级思想能力的哲学家的出现，是社会分工造成的，不是人的生理素质造成的。即搬运工经过一定的社会教育也可能成为哲学家，而成为哲学家的人如果前期不接受一定的教育也可能成为搬运工一类的简单体力劳动者，他们之间在

一定的社会条件下可以相互转化。这就证明了所有的社会成员在一定的社会条件下都有成才的可能，这一定的社会条件中学校的作用首当其冲，所以学校应为每一位学生都能成才提供客观可能性。

三、让每一位学生都能成才的指导思想与措施

教师热爱学生是让每一位学生成才的重要条件。热爱学生不仅是建立民主、平等、和谐的师生关系的基础，而且是做好教育工作、让每一位学生都能成才的重要条件。教师作为负有社会重托的教育工作者，在工作中不能不对学生提出一定的要求，但是这种要求如果失去了对学生的尊重、信任、关心和热爱，就往往不能被学生很好地接受与理解。苏霍姆林斯基在谈到这一问题时曾经这样说过："教师既要激发儿童的信心和自尊心，又要对学生心灵滋长的一切不好的东西，采取毫不妥协的态度。真正的教育者就要把这两方面结合起来，这种结合的真谛就是对学生的关心，也只有这种关心才能如水载舟，载起我们教育界称之为严格要求的那条很难驾驭的小舟。没有这种关心，小舟就会搁浅，你用任何努力也无法使它移动。"西方现代教育家罗素认为，热爱学生能使学生的道德和智力得到很好的发展。他说："凡是教师缺乏爱的地方，无论品德还是智慧都不能充分地或自由地发展。"他的话提示人们，尊重、关心和热爱学生对学生的成长是多么重要啊。教师尊重、关心和信任学生，学生感受到教师对自己的关心爱护，会更"倾心"于教师，更乐于接近教师，更愿意接受教师的教育。"亲其师，信其道"就是这个道理。实践证明，教师热爱学生会促进师生关系和谐，使他们心理相融，情感相通，乐于相互交往，易于相互沟通。伴随这样的气氛，各种教育影响就会如涓涓细流进入学生的心田，各种教育因此就会发挥作用。同时，教师热爱学生这种态度和行为，本身对

学生良好思想品德的形成具有陶冶作用。十九世纪英国教育家斯宾塞曾说过："野蛮产生野蛮，仁爱产生仁爱，这就是真理，对待儿童没有同情，他们就没有同情，而以应有的友情对他们就是一个培养他们友情的手段。"苏联教育家赞科夫也说过："没有教师对学生爱的阳光，学生就会混成模糊不清的一团。"可见，教师热爱学生的态度和行为对于育人多么重要。

　　教师对每一位学生的热情期待是使每一位学生都能成才的重要原因之一。教师对学生的热情期待也是学生努力学习的动力来源，它能有效推动学生的发展，促使学生的进步。"罗森塔尔"效应就充分说明了这一点。二十世纪六十年代，美国心理学家罗森塔尔和他的同事们做了这样一个试验，他们来到一所小学，对六年级的学生进行名为"预测未来发展"的实验。结束时，他们交给老师一个随意开列的一些学生的名单，并告诉老师，根据测验结果，预计名单上的学生未来有最佳发展前途，请老师们对此不要揭露。十一个月后，心理学家又来到这所学校测验。结果发现，凡是那个名单上的学生都有了很大的进步，平均成绩都大大超出其他儿童，不仅智力比其他儿童表现出较高的水平，而且个个开朗活泼，充满了幸福感。在这十一个月中，这些学生的学习条件、教学方式及管理等方面与其他儿童并没有特别的不同，为什么他们会有这么大的变化？究其原因，是由于教师相信心理学家提供的名单上的那些学生是最有发展前途的，内心对他们寄予了良好的期待。当他们与学生接触时，总是很温和并面带微笑，对他们的进步感到高兴，给予鼓励。儿童在教师的态度和行为中感受到了教师对他们的良好期待，增强了自信心和上进心，所以他们的学业和各方面都有很大的进步。这个实验充分说明了教师对学生良好的期待对学生的发展具有推动和引导作用，所以该实验被称为"期望效应"。它还有力地证明，如果教师对每一个学生都有良好的期待，并且这个期待是发自内心的、实实在在的，那么每位学生的学业和各方面都会日益进步，他们都能成才。

因材施教、分层教学是让每一位学生都能成才的举足轻重的措施之一。学生的"个体差异"是客观存在的，同一班级学生的学习水平和能力倾向一般不会在同一水平线上，他们的"发展期"也是不同的。而同一个学生本身也存在学科之间的不平衡，有强项，也可能有"短腿"。然而，长期以来沿用的固定的班级授课制，其弊端是教学"一刀切"，几个层次的学生在同一班上，学习目标很难定位，要么抓住中间，丢了两头，要么抓了尖子，丢了大多数，影响教育质量的大面积提高。分层递进教学能克服以上缺点，使每一位学生每一节课都能尝到成功的喜悦，每一次考试都能尝到成功的喜悦。何谓"分层递进教学"？就是在保持原行政班级不变的前提下，按学生某学科学习情况、能力倾向和学习目标的不同，将全年级学生划分为该学科 A（基础层次）、B（普通层次）、C（提高层次）、D（特长层次）4 个层次。在不同的教室里进行教学，针对不同层次采取不同的教学方法，真正体现了因材施教的原则。比如 A 层次要求"低起步、走小步、重基础、多鼓励"；B 层次要求"慢变化、多练习、重能力、勤反馈"；C 层次要求"小综合、多变化、重思维、求深度"；D 层次要求"多强化、重创造、促特长、求拔尖"。这些要求在各学科的教学内容安排、学生作业布置、个别学生辅导等环节得以落实，使各层次的学生充分体会到学习的乐趣，摒弃了"差生"的概念，让学生始终保持自尊和自信。例如，就某个学生来说，也许数学分在 A 层次，英语或其他学科分在 B 层次或

C 层次，加上 ABCD 层次每学期末调整，如果你在这一层次学习成绩居前若干名，就可以调整到高一层次。这种方法纠正了学生偏科现象，在促进每个学生都能成才的基础上鼓励了学生拔尖。

我的孩子不叛逆

　　这次的家长会高潮迭起，掌声、笑声此起彼伏，家长们的提问异常踊跃，我都一一做了解答。

　　"一进入初二，孩子就开始叛逆了，特别是春暖花开时节，非常暴躁。"杨琴（化名）的家长说话像打雷，震得教室嗡嗡作响。

　　"我的孩子不叛逆。"家长们一愣，面面相觑，继而议论声杂然而起，半分钟后，掌声如雷。大家终于回过神来了，原来班主任把学生当成了自己的孩子。

　　杨琴不止一次向我反映，她家老人特别多，有爷爷、奶奶、外公、外婆，他们都很疼爱孙辈，对杨琴寄予厚望。完全可以说，孩子是两个家庭的希望，要圆父母当年没圆的大学梦，这使命与担当像一块巨石，压在三代人的胸口，期待着有朝一日可以搬开。放学回家，家庭教育是必做的功课，都是些老生常谈的大道理，他们轮番上阵，轮番轰炸。杨琴的耳朵早就起茧了，一到家门口，腿就发软。好在杨琴的父母话少，才有了躲避的空间。

　　了解情况之后，我既不点头，也不摇头。扫视教室里的家长，沉思片刻道："如果你是孩子，别人对你们说的话，重复一遍又一遍，作为当事人，你会怎么想？"那些家长都笑了，笑得有些羞涩。

"试想，你们小的时候，对大人的说教是不是左耳朵进右耳朵出，只不过你们当年的毕恭毕敬是做给家长看的。现在的孩子敢说不，你们那时却不敢，只会在心里抗拒。从这个意义上来说，你们把自己当年的叛逆强加到了孩子身上，这叛逆是你们导演的。"一席话，说到了家长们的心坎里。

这一届的家长中，有一位是专门从事家庭教育的讲师，他姓钟，我多次听过他的专题讲座，回回都热血沸腾。我便请他来给家长上一课。

钟先生提出，要关注学生的本体。孩子累一天了，家长问得最多的应该是：身体吃得消吗？学习上有需要帮忙解决的问题吗？学校里发生了什么新鲜事？尽量找孩子感兴趣的、轻松的话题，孩子敏感的话题不是不能扯，而是要做好铺垫，在适当的时候恰到好处地点一点，必须做到不让孩子反感。

有的家长不懂教育学、心理学，我行我素，一天到晚唠叨的就是那点分数。殊不知，分数不是学校教育的全部，只是其中衡量学生所受教育的标准之一。

"我的孩子不叛逆。"我请家长们参照钟先生的做法，给孩子营造一个宽松的交流环境。

水涨船高

　　离期末考试越来越近了，班里的学生们复习状态越来越好。我看着他们认真学习的样子，常在班里说："你们的认真让老吕感动。对于这么认真的你们，该用什么样的成绩来回报你们呢?"学生们总是异口同声地回答："让我们班获得全优吧!"学生们何以对"全优"那么执着，那还得从我接手这个班说起。

　　我是八年级下学期接这个班的，数学老师与班主任一肩挑。"梦到那个班都怕!"谭老师心有余悸道。她带了一个学期就不肯进教室了，那班"野孩子"什么规矩都不放在眼里，心忒大，考一百分笑眯眯的，考十分二十分同样笑眯眯的。优秀的学生三五个，成绩个位数的一大堆。用语文老师的话说，一副死猪不怕开水烫的样子，确实油盐不进呀。渐渐地，这条教育之河干涸了，班级如船般搁浅在那里，无论教师们如何使力，那条大船纹丝不动。

　　得想办法让这河水涨起来。水涨的办法不外乎两种，昏天黑地连降暴雨，抑或外水内调。当然，还有一种没有办法的办法——人工降雨，不过成本太高，不划算。

　　要走进学生们的心里，了解他们的真实想法。于是，我第一个星期没讲新课，专注于"磨刀"，刀锋利了才不误砍柴嘛。什么样的老师培养什么样的学生，当务之急是在他们心里种理想、种目标。第一周的六节课，学生们就一个任务，写"我是好学生"。觉得枯燥的时候，就写"数学作文"，让学生们好好盘算自己的人生。我们不是常说，心有多大，事业就有多大吗。课外，我与学生们赛疯，让学生知道，老师也是善玩的主儿，他们在我面前小巫见大巫，不服都不行。边玩边聊，趁机走进他们的内心世界。我发现五十余个学生，没有一个厌学的，只是不会学，不会做"巧"字文章。

我开始培养小老师了，起初是五个，教他们怎么学数学，称其为数学速成班，大灶小灶一起上。我带他们读书，带他们做事，整整一个月，他们把我的十八般武艺都学精了。从第二个月起，他们当师父了，每个师父带两个徒弟，到月底，就有十五个出师的大徒弟了。准确地说，第三个月，十五个大师父又带两个小徒弟。离放假还有一个多月的时候，不会学数学的只有七八个了，这河水终于能够载"舟"了。

其间最大的变化是观念。先前，你就是拿根教鞭打他的手掌，他不见得折服。"老师，我考满分那天，要报复你，打你的手掌。"我知道学生是在开玩笑，但我一脸认真地说："那样的机会，老师一定给你。"

刚结束新课，我领着学生们紧锣密鼓地进行期末复习。我们知道，复习课并不好上，对学优生来说，没有什么问题，因为他们大部分知识已经掌握，但是他们也有烦恼，很多知识已经学会，学起来没有什么乐趣了；而对于学困生来说，没有掌握的知识肯定还有很多，如何让他们在复习中巩固已学的知识，除了教师的引领外，还需个人的努力。可这几个学生缺少的往往是自主学习的能力，成绩的提升肯定是个大问题。我开玩笑地对学生们道："假如我们班所有的学生都能考八十五分，老吕就带你们去莽山水库漂一回，真正看一回水涨船高。"学生们听说我要带他们去莽山水库玩，顿时欢呼雀跃，学习委员带头嗨起来："为莽山一游而努力奋斗！""奋斗！""奋斗！"教学大楼都被他们的喊声震歪了。我故意拿腔作调："机会给了你们，抓不抓得住，就看你们的表现了。"

之后的日子里，班里的学习气氛悄然发生了变化，课间十分钟，总会有三五成群的学生交头接耳。用餐之后，也经常有成对成双的学生勾肩搭背，仔细询问才知道，他们向老师学习，以学习小组为单位，开展互助大竞赛。成绩最优秀的八个学生，分别对应八个基础最差、数学低于八十五分的学生。连双休日都结对辅导，一对一相互检查过关。当知道他们的这种自觉行动的时候，我震惊了。他们为了实现莽山水库的一漂，激发出巨大的潜能，着实令人叹为观止。

结果如他们所愿。我要说的是，以往我们见得多的是，鹤立鸡群的那几位往往被班上的同学孤立，不与他们玩，时不时恶作剧，制造一些事端，扯他们的后腿，让学优生安不下心学习。即便是同桌，两个人不相上下，也见不得你比我好，挖空心思刺激对方，让你渐渐丧失学习的斗志，仿佛你下来了，我就理所当然超越了一个。

"世界上没有最好的，只有更好的。"那一次的主题班会，我特意放在了领通知书的日子。学生们到得早且整齐，和平时一样，居然没有一个迟到的。同学们陆续上台，我做记录，我突然发现孩子们长大了。他们和我一样，发言信手拈来，连草稿都没有带，讲的都是亲身经历，没有一句大话、空话、套话，款款都是真材实料。

　　宜章县第四届艺术节初中组写作类的竞赛中，我们班拿了八个奖，或小说，或诗歌，或散文，让我格外惊喜的是，还有词。实话实说，那东西我才懂一点皮毛，他们却"胆大妄为"起来了，居然还获了大奖。这正是水涨船高的必然结果。

把坏情绪踢出门

因为一连几个晚上都做噩梦，所以张林（化名）一进教室就没精打采的。我让他活动活动，免得一副有气无力的状态。

他自述，半夜一条狼狗疯狂追他，他拼命地逃……他从不逗狼狗，那东西干吗穷追不舍，跟他三辈子有仇似的。眼看就要咬去一块腿肉了，他往前一扑，掉进深渊，怎么也沉不到底，"哎呀"尖叫一声便醒来了，惊出一身冷汗。这都是情绪那东西左右的。

环境对情绪的影响颇大。不知道你有没有注意，自己情绪的好坏，其实是因所处的环境而异。

任课老师在班里训斥你，你俯首帖耳，感谢他的不吝教诲；但一回到家，听见邻居大妈轻声问你为什么铁青着脸，又没借你的米还你的糠，你就气得火冒三丈，摔桌拍椅。

好久不见的闺蜜询问你的单元测试，你觉得温暖在心，感觉闺蜜真贴心；如果同样的话出自父母的口中，就是与你过不去，讨厌无聊。

所以我们常说，我们能给一个人最残酷的处罚，似乎就是让他变成自己的亲人。果真如此吗？到底这是为什么呢？为什么我们会

"厚他人而薄家人"呢？

任其追究起来，不外乎有以下几个原因。

我们自认为有权"活在家中，做我自己"。在学校已经装模作样了一整天，回到家里如果还要小心翼翼，甚至口是心非地过日子，试想，这日子怎么还能过得下去呢。

对于家人，我们开口闭口"你懂的"，不就企盼"你当然要懂我的心"嘛。明明知道我学得不怎么样，老问，老问，老问，不暴跳如雷才怪。

要是刚认识我的外人误会我，情有可原，朝夕相处的家人老踩我的痛脚，不就是哪壶不开提哪壶嘛，那不是自讨没趣嘛。

冲动的时候，谁也不会也不可能退一步。冷静下来才醒悟，自己的家人绝对比外人重要，邻居、老师、同学乃至于朋友都可以再找，但自己的家人可是一辈子的牵挂，应该格外珍惜彼此的关系，把冲动那个"魔鬼"踢出大门。

心理学上的研究也一再提醒大家，家庭生活经验在我们身心发展中占有相当重要的分量。家人气头上的一句气话，比外人的口出恶言，更容易对一个人造成难以修复的伤害。

家访那天，与家长们沟通的时候，我掏出了我的"心窝子"，笑道："善待你的孩子，把最好的情绪、表现留给他们。要随时提醒自己，多一分耐心，你就不会情绪失控，就能把爱留给最该爱的家人。"

学生继续投诉，说他的爸爸动不动就吼："不听老子的话，就给老子滚出去，断绝父子关系！"血浓于水，再利的刀也割不断亲情。已经造成了伤害，怎么办？光一句"下不为例"是远远不够的，得把情绪管理的方法做成课件，让学生和家长共同研读，最后把坏情绪踢出大门。

做一个好梦。我的学生都喜欢写作文，入睡之前，编一个开心的幸福的故事，这个故事就会走进你的梦中。这样，你就找到心情环保的最佳方法了。张林一连试了一个星期，不单情绪好了，写作文也上了瘾，一夜不写，手就发痒，真是一举两得。

一些心理学家认为，我们应该更重视睡前的心情及思想状态，因为只有这样，才能充分激发心中的潜能，营造出有利的契机。日有所思、夜有所梦是告诉我们，睡前的心思会对睡梦中的心智活动产生重要影响。

我让家长们在孩子入梦之前放一两首轻松的音乐，或阅读一两篇励志的文章，产生了非常好的效果。

我情绪波动大的时候，就默念"阿弥陀佛"，念着念着就一觉睡到大天亮。"阿弥陀佛"是我常念的情绪口头禅，目的只有一个，不让烦躁的情绪越来越坏，防患于未然显得尤其重要。

每个人都有自己独到的情绪口诀，有位语文老师挂在嘴上的总是"面包会有的，一切都会有的"。他在情绪快要沸腾的时候，以此提醒自己：再困难的日子都挺过来了，一切都会好起来，千万别一时给气昏了头，丧失了理智，成就了千古之恨……

家长也有这样的体会。家长会那天，有个家长就跟大家分享了他的口头禅："心情最重要，快乐第一位。"并分享了一个鲜为人知的掌控情绪的故事。

的确，念口头禅一方面可以让自己分心，不再钻牛角尖；另一方面也能提醒自己，要赶快从不好的情绪中走出来。

许多同学总会不自觉地把学习的情绪装在书包里，一块儿带回家，所以一进家门，当家人接过书包的时候，也就接收了各式各样的学习情绪。不幸的是，多半的时候，这些情绪是令人伤心的。当家人被他们的学习情绪所左右时，就成了被迁怒的无辜受害者。

很多学生会说，道理都懂，就是做不到，怎么办？

不带书包回家，不带情绪回家，学校的事情在学校做完。放学了，回家了，就要放松心情，想蹦蹦跳跳就蹦蹦跳跳，想嗨歌就嗨歌，让童心童趣童真归位，撒个娇也充满诗情画意。如果还有那么一丝半缕情绪粘着，那就淋浴吧，把坏心情关在澡堂子里，让它彻彻底底褪下。

嫉妒如癌

"除了看到自己幸福外，希望全世界的人都不幸。"听到这句话的时候，我颇吃惊，真的不相信这是出自我的学生之口，还那么"经典"。

有些人在看到比自己优秀的人遇到失败时，幸灾乐祸，高兴得不得了。因为别人罹难，自己就少了一个竞争对手，出头之日便指日可待了。

这就是嫉妒，嫉妒往往源于私心。起因是他发现别人比自己做得更好，别人比自己拥有得更多，心里不平衡了，"凭什么，凭什么超越我……"所以嫉妒有巨大的推动力，促使他去做一些可怕的事情，让他失去理智，不明是非，对人无端生怨，失去正确的航向，甚至陷入沼泽不能自拔。

通俗地说，嫉妒就是老觉得自己不如别人，如果别人比自己好，就感到不舒服，甚至于心灵扭曲。

张兰（化名）是班上的尖子生，她考第二，没有人争第一。她身边常挤着一大堆"粉丝"，每一回测试遥遥领先的她习惯了赞不绝口。她也似彩云飞上天，记不得离地面多远了。一场意外的车祸，她不单失去一条腿，半年下来，超越她的大有人在。任课老师纷纷给她开小灶，极力确保这面曾经的红旗。可事与愿违，收获总是令人惋惜。

为了拉下别人，她开始不择手段，无中生有抹黑成为家常便饭。几位班里的好学生因抵不过流言蜚语而选择了退学……

在现实生活中，我们见到最多的都是诸如此类的因嫉贤妒能而变得丑陋的人，他们的不择手段每每令人胆寒。

人生在世，一定要有一颗向上的心，那就是希望人人学得比我好，也希望我学得比个个都好。别人有所成就，比我好，我口服心服，举大拇指点赞。我学得比个个都好，仍然保持空杯精神，从零开始，更上一层楼。嫉妒是肿瘤，是无可救药的癌症，一旦扩散了，即便华佗再世，也无药可救。可见，幸福的人生正是有一颗平常心，自始至终都在为别人也在为自己鼓掌。

给心灵放个假

一次家访，恰巧碰到家长检查他小儿子的试卷。"才98分，还有2分哪里去了？"小儿子嘤嚅着嘴："老师抢走了，我又打不过她。"孩子愁眉苦脸，一副无可奈何的样子。

这位家长的大女儿在我班上，在课堂上老打瞌睡。起初我没在意，等她黑眼圈出来之后，才感觉到问题的严重性：难道天天在家玩游戏，还是守电视机守到鸡叫？我也没和家长打招呼，便直奔她家。

"反应太慢，练习老是偷工减料。"谈到孩子的现状，家长一脸苦笑。

如今老师们留的课外作业少之又少，学生上晚课的时候早就做完了，哪来的加班加点，甚至还加出了黑眼圈。

了解后才发现，是家长为了实现孩子进重点中学的梦想，在没征求孩子意见的情况下，加了三个版本的练习。

"你把孩子当成作业机了，即使是作业机，也要做保养，哪有连轴转的。"

家长认死理，说时间就是效率。而孩子为了实现家长当年的愿望，抑或叫圆梦，觉得再苦再累也值。

看来，讲道理这条路是行不通了。墙角响起了呼噜声，我才发现一直没注意竹椅上躺着的老奶奶。

"阿姨，你种过菜吗？我想学点经验。"见我招呼她，老奶奶立即来了神。我这才知道她在装睡。他们家有个规矩，儿子、儿媳管教孩子，上一辈的人不得插嘴，口径不统一起不到好效果，这才有了老人的有心无力。

老人是把种菜的好手，年年头茬菜都卖完了，左邻右舍才起了个头。

在那个村子里，她隔三岔五上菜地，最有空闲走门串户。而前后门的张大嫂、李大姐，一到天明就拿着一柄锄头、一担粪桶出了门，伸手不见五指才回家，但菜越长越小，越长越缩。

我问她这其中蕴含什么道理？"你们当老师的，不是上五天班放两天假嘛，还有大把大把的寒暑假。"她双唇一嘟，好不得意。

"我喜欢给自己放个假，人只有闲空了，才会想事、谋事、做事。"都是向老师学的，老师有假，她也给自己经常放假，这假放得很科学，放得很有见地。

天天松土，新根还没长出，老根又锄掉了，幸亏白菜萝卜们不会叫，否则闹翻天了。日日浇水施肥，它们怎么吃得完？不说浪费、死撑，不烧死才怪（乡下称肥太多为烧死了）。天天给孩子们大鱼大肉，吃来吃去，吃成了"豆芽菜"（厌食的恶果），花钱买抱怨也是常有的事。

很多时候，我们的内心都为外物所遮蔽、掩饰，浮躁的心情占领了我们整颗心，因此人生中留下好多遗憾：在学业上，由于不会倾听孩子内心的声音，所以盲目地跟从了别人认为最有潜力和效果的途径，往往事与愿违。

究其原因，家长们整日为生计疲于奔命，找不到一个可以让自己冷静的机会，当左邻右舍的孩子出人头地抑或鹤立鸡群的时候，就盲目行动起来。他们不懂，也不太想去懂教育的规律，反而无限扩大劳作量，自认为广种了，却只有薄收。人哄地皮，地哄肚皮，这样简单的道理都抛到九霄云外了，产生了令人哀叹的教育效果。

家长们渐渐地冷静了下来，表示愿意配合老师，走老师设定的成长之路。几天之后，学生恢复了常态，日渐活泼起来。

的确，心灵的宁静是一笔需要融入非常智慧的财富。这财富的积累是长期的，不可能一蹴而就，它是一种与生活的苦难长期斗争而沉淀出来的成熟的体现。

宁静可以沉淀出生活中许多繁杂的浮躁，过滤出浅薄粗陋等人性的杂质，可以避免许多鲁莽、无聊、荒谬的事情发生。宁静是一种气质、一种修养、一种境界、一种充满内涵的悠远。安之若素、沉静从容往往要比气急败坏、声嘶力竭更显涵养与理智。

给心灵放个假，才有宁静致远。

丢掉伤害

许多年前，我的学生家里发生了一件"大事"：爸爸妈妈离异了。大人的世界孩子看不懂。离婚前，爸爸妈妈征求孩子的意见："跟爸爸，还是跟妈妈？"他沉默了老半天，认定大人不要他了，"谁也不跟，自己过，每月分别给我五千元生活费。"门一摔，上了大街。

整整两个月，我找他谈了六次。可我们之间无法交流，他给我的是脊背，连面对面都不曾有过。

"跟老师一起过吧。"

"真的？"

我点了点头。他两眼泛光，只一瞬间，又黯淡下来了。"你有老婆孩子，会有许多不便……"他也明白那不大可能。大人离异伤害的不单是孩子，还有各自的父母，只不过老一辈人承受得住。

在这个世界上，谁都拥有过幸福，同样，谁都有过悲伤。当幸福昙花一现之后，如果我们一味地沉浸在哀伤里裹足不前，那伤痛只会无限地延伸。

我们常常企盼圆满，其实圆满的前面是新的起点。昨日用种种千辛万苦换来了今日的美满和幸福，细细品味崎岖的过程，再用自己的方法庆祝结果之后，将喜悦隐藏，轻轻地告诉自己：新的道路已开始。喜是这样，悲也是这样，嚼出这个道理来了，你就能够尘封那段记忆，重新开始，让自己的情感不断升华。悲伤是快乐的最大障碍。大到父母的离异，小到摔一跤，受一次伤害，遭遇一次挫折，这些不期而遇的意外，总会困扰我们的心灵。我们要的是拿得起、放得下，活出勇气、活出气度、活出潇洒。

也是我的学生，姓周，家里出事那年，他还是小学生。出事的时候他父母双亡，一夜之间成了孤儿，而今已经娶妻生子了。

"活着的人，总要往前走。"说这话的时候，他没有半分沉重。没有人分担他心中的苦，老师去看他的时候，说："不哭，休息两天就去上学。"无法想象，老师走后，面对空无一人的家，他是怎么熬过来的。

"物质的贫困成为自己生存障碍的时候，我就去找村干部、乡干部，相信政府会管……"在父老乡亲的帮助下，在有关部门的帮助下，他慢慢接受了变故。时间会抹平一切那是不可能的，得敢于丢掉伤痛，善于丢掉伤痛。他现身说法，告诉学生：消沉和悲戚都于事无补。

我在课堂上不止讲过一回，别拿时间能抹平一切来宽慰自己，那样你付出的是十倍百倍的代价；别为了一点小事而气愤不已，那只能证明你的狭隘和偏激；别在生气的时候指望对方企求你的原谅，那样受折磨的永远是你自己；别做无谓的悲伤回溯，那只能是雪上加霜。

如果你因过去的事情耗尽现在时光而一蹶不振，那么抛弃过去的第一步便是改变这样的状态。这里面包括改变自己对待现在的态度，而不是人为地努力消除过去确实发生的事情。我们需要的是永远抓住今天，把全部的热情与心血都倾注到现在。无论是阳光灿烂还是阴雨连绵，无论是瑞雪纷飞还是狂风呼啸，该享受时就尽情享受，该拼搏时就奋力拼搏，这样你才能无愧于昨天，无愧于时代。

在这个世界上，谁都会有或多或少的不堪经历，打开你的心结，调整好你的心态，放飞快乐，把伤痛踢到爪哇国去，就能重塑一个全新的自我。

第六章

示范篇

脚印前头汗水多，
精耕细作乐山窝。
杏坛把式躬身唱，
诗词歌赋畅三河。

家长会

新生入学第二周，168 班的家长会如期举行。家长们坐在学生的位置上，学生则站在过道处，密密麻麻的，显得拥挤。

我简单做了自我介绍，话锋一转，便开始布置：请站着的每一位都要仔细观察，以家长会为主题，作文六百字左右，标题自拟。教室里有些骚动，显然，站着的学生有些不满情绪。

"老师，你写吗?"一位体态丰腴、烫着波浪发型的女士站起来问。

我一愣："你说什么? 请再说一遍。"我皱了皱眉头，提高了声音。

"我说，你写吗? 既然做了布置，就要一视同仁。"她斩钉截铁道，嘴角微微上翘，似在将我的军。

我来回踱了两步："写，请大家监督，我们马上面对面建群，把所有文章都发到群里。"我发现设套的时候，把自己也套了进去——我也是站着的。

李老是主角，他是机关工委五老讲师团的，家庭教育最拿手，每个年度都要下乡镇培训家长。

李老讲了些什么，我分不出神去细听，一门心思控场。要晓得，我是带着任务来的，不能掉链子，否则家长们不会倾心配合，以后的班级管理将难以落到实处。

巡堂的邓校路过教室，被热闹吸引了进来，见状立马来了兴趣，也不推辞，张口就是如何做一个湘南红军学校合格的家长。教语文出身的领导就是不同，那言谈，那举止，非常得体，赢得了家长们的喝彩。几个淘气包甚至尖叫起来，假装看不见我使的眼色。

节目接二连三，都是同学们自编自导自演的，有独唱，有小品，有口技，要不是受场地限制，还有好多精彩要一一展现。

家长代表即兴发言，看得出来，没做什么准备，想到哪里讲到哪里，虽然只有三言两语，却也表达了自己的心声。

我好像成了局外人，穿针引线的是小班长，他不停地介绍班里的情况。我见过他的手稿，原本是分了板块的，哪曾想现在被家长们牵着鼻子走了，话题忽东忽西。

月光探进窗棂时，这场家长会落幕。家长们围住任课老师问这问那，他们的心情我当然理解，望子成龙，一代代的家长都是这样。

该我表态了，至少要代表自己。我告诉家长，每个月都会有家访，谁表现好就去谁家，要是三年都没打搅家长，孩子的学习肯定有这样或那样的问题。并一再强调，老师不会找家长告状，有能力解决班上的问题……

家长还没出校门，《不同寻常的家长会》就亮相了。不等我洗漱完，群里又陆陆续续有文章闪亮登场，是家长们撰写的，那样热心、那样精心，令我感动、令我钦佩，我一点也不敢懈怠，立马赏析。

三星桥赋

当我在课堂上提到宜章的古桥的时候，"眼见为实，耳听为虚，不到现场瞧瞧，谁知道老师是不是又耍我们。"淘气包邓运水嘀咕。

"那就去看看吧，不过——"我故意卖了个关子，右手不由自主地敲了三下讲台。

"不就是写篇作文吗？光说不练假把式，不知道吕老师是不是假把式。"王向东是个机灵鬼，时不时激我，想看我的笑话。

"捎上陈老师，他是玩作文的头儿，由他当裁判，我们服。"班长出了个馊主意。陈老师曾是县作家协会副主席，至今仍挂着诗词楹联协会副会长的职，由他判断文章的优劣，我求之不得。

三星桥是骡马古道中的一座，横跨玉溪河，连接中夏街与南关街，上游为李家湾，下游为彭家湾，泾渭分明。

呼啦啦一大群挤在桥中央，"让一让，让一让！"学生们充耳不闻，自顾不暇，欣赏桥上风景。

这是明朝修建的石拱桥，共三拱，中间是主拱，大；两旁是侧拱，小。我上下打量，清一色的青石条，没有混凝土，更不用说水泥了，一块挤一块，挤出一座拱桥，古人的智慧真不可小觑。

骄阳似火，我有些口干舌燥。逐级而下，三星古井映入眼帘，一井四间，也是青石垒成。我记忆中挡口的那块碑记，不知修新井的时候挪到哪里去了，现在换成水泥铺地之后，少了几分古香古色。

大凡走进人文景观，我专注的是故事。当年游历宜章三天半的徐霞客曾在桥上小憩，也曾掬一捧清冽的泉水解渴；三过宜章的韩愈过三星桥的时候，竟然没有留下一星半点文字，大概是被贬心情不好，才懒得挥毫；毛泽东也曾路过这桥，夜宿女子中学，与高静山促膝夜谈，雄鸡唱晓时才酣然入梦；马蹄声脆，朱德、陈毅年关暴动智取宜章，打响湘南起义第一枪。大故事，小故事，林林总总，因桥生辉。

站在桥头，我欲一睹玉溪春涨的壮阔，可惜桃花水已过，离端午潮还有一些时日。目光停留在寡婆桥上，任修桥的故事在脑海回放。

据说，南关古街商铺林立，一年四季热闹非凡，特别是炎热时节的清晨与黄昏，坐在桥边石条上乘凉的人怡然自得，一把老蒲扇摇出了上下五千年。

也有好古的文人墨客，吟罢寡婆桥，乘兴拜谒李平章家庙，凝视狮鼓。你可别小看那一对石雕，它们正是权力的象征。五朝元老，千百年来也没有几个，而李谷则是可圈可点的传奇，特别是庙门上那副阳刻的对联，凸显了家族文化厚重的底蕴。

我又想起了采风时一气呵成的三星桥抒怀，我用散文诗的体裁，将十个断章连缀成篇，收获了雪片似的点赞。

"吕老师，来一张！"学生们热衷于定格青春，一声邀请，打断了我的思路，我的三星桥又勃出一星遗憾，陈老师评判的时候，又会流失一汪诗情画意。

游中夏广场

中夏广场是宜章的一张名片，走到哪儿都拿得出手。尤其是老一辈人，不知道宜章的多，不了解邓中夏的却少之又少。

"游中夏广场去！"一行四人立马开拔，难得如此齐心。

中夏广场由广场与公园组成。广场正对着107国道，居中的四个圆球，上书"中夏广场"四个烫金大字，两旁分别陪衬三个小圆球，六六大顺是也，多么吉祥的寓意。

漫步广场，左手边的健身器旁一群少年在围观，我也凑了上去。原来，他们在吟诵《宜章八景诗》，明代尚书邓庠的大作，我也不禁轻吟起来。

往前走，发现广场中央搭建了舞台。因为我平常出门少，近期的活动关注得少，有些"孤陋寡闻"。歌咏会我是参加过的，乡村歌舞大赛也当过喇叭筒，知道此处是山城的活动中心，真该出来活动活动了，不然便落伍了。

边走边看，拔地而起的六根柱子，栩栩如生雕刻着十二生肖，分别为鼠、牛、虎、兔、龙、蛇、马、羊、猴、鸡、狗、猪。看着它们，十二生肖的故事又在我脑海里鲜活起来。三伏天有些热，晨练的人们已陆续离去，广场显得有些冷清。

翘檐是吸引眼球的地方，这里坐落着宜章八景之一的艮岩古井。妯娌们浣洗的处所是后来延伸的，没多少看头，我们直奔旧井而去，热衷于艮岩龙隐。去了一看，哪还有半分古井的模样，明清县令的诗雕斑驳可见，但辨别了老半天也认不全，幸好岩口有解说，能读懂个大概。

拾级而上的时候，在毛泽东书写的"继启邓中夏遗志"横匾前肃立半分钟。横匾背面是他的生平简介，令人百感交集。

我让大家数一下台阶级数，但爬着爬着就漏数了，居然没有数全，只有一百三十九级这一结果。

邓中夏的铜像矗立在我的眼前。他敞开大衣，雄视前方，一脸的坚毅，是那样魁梧、那样高大，一副思想者的情态。他背后的浮雕分四个板块：少年邓中夏、五四运动、省港大罢工、雨花台英勇就义，囊括了邓中夏伟大的一生。好几个清明节，我陪团委书记率新共青团员来此祭奠邓中夏并宣誓。每年党的生日，党员们便在此高举右手，重温誓词，在"不忘初心，牢记使命"的壮语里走长人生，走向辉煌。

返回的时候，我的脚步有些沉重，脑海里依旧是邓中夏的音容笑貌……

樟涵兜圈

　　"去樟涵看吴家大院！"到华申首府快一个星期了，周边好玩的去处，仔细想想，近点的数吴家大院了。

　　一行三人沿水泥路前行，不到半里，轩轩提议到附近看看苗圃，就岔了进去。一色的树种，一般的高，可惜叫不出树名，没多少看头，自然入不了我们的法眼。

　　不时碰上村民养的狗，扬扬便汪汪几句逗狗。带雏狗的母狗不好惹，奔过来咬两口就不划算了，我敦促扬扬别多事，赶快走路。

　　路边有许多菜地，可见劳作的人们。那一家四口，我猜是两个老人带两个儿童正在弓腰弄花生。土太硬，挖一耙撬松土后，带出串串饱满硕大的花生。小孩则一手抓花生苗，一手摘花生，有说有笑，兴趣盎然。

　　扬扬老是问，还有多远？隔两座山，具体多远，脚没丈量过。三五里肯定是有的。

　　半个小时之后，我眼睛的余光瞥见了琉璃瓦，还盘着两条龙呢。"那是大庙！"我想起来了。从前来过这地方，水田连着水田，怎么成新兴庙了呢，这变化真大。

一溜的平房，也就四厢，隐隐约约看见了菩萨，我一向是不参拜的。

最先入眼的对联是土地庙的，七字联，大路货，没什么韵味。土地庙至多算新兴庙的陪衬。

原本以为能遇见几个学生，拉拉家常，添点素材，方便行文，可惜一个也没碰到。

目测了一下，离吴家大院走起来还要八里出头，扬扬叫苦不迭，只得放弃。那就往回折吧。

信步弯回，我们边走边聊。现在的孩子缺乏田园生活，尤其是从没干过农活的孩子，分不清韭菜与麦子还真不是笑话。苦瓜、南瓜、地瓜、葱，轩轩还是认识的，但他错把黄瓜当南瓜了。

樟涵村子多，一路都有井，大大小小的不下 10 余口。轩轩偏爱水的冰凉，直奔过去。

"死蚂蚁，坏蚂蚁！"扬扬眼尖，盯着爬行的蚂蚁目不转睛。井周围的围墙上，三五成群的蚂蚁正觅食，它们做梦也想不到，灾难立马就要降临了——扬扬挥手就拍，抬脚就踏，虽谈不上尸横遍野，却也躺倒一片。

"试试看，蚂蚁会游泳吗？"我提议。轩轩捉住一只就往井里扔。

"浮起来了，浮起来了，还会划水呢！"轩轩饶有兴致，蹲了下来。近距离瞧得更清楚，结果发现蚂蚁折腾几下就死翘翘了，原来它也是"旱鸭子"。

扬扬还在穷追猛打，大有不一扫而光决不罢休之势。我看了眼手机，已是九点五十分，再拖延作文不能按时完成了。

快到湘南红军学校大门口的时候，我突然记起了男子钓鱼那地方，我曾带着一班学生在那一片支过农，你追我赶的画面依旧清晰。

兜了一圈，又回到了原来的地方。这还是原来那地方吗？沧海桑田，不变的是初心。初心如诗，只要肯咀嚼，回回都有新的滋味涌上心头……

水上乐园

早就听说平乐山庄有座水上乐园，打了好几回主意，瞎忙，终究没有成行。

有好几回上平乐山庄陪客，尽兴在杜康里，不方便造访，这一回终于如愿了。

果然是个好去处！翠绿的四围，令人赏心悦目。一阵微风吹来，婆娑的芭蕉叶轻抚脸蛋，柔柔的、痒痒的，有一种说不清、道不明的享受。挺拔的竹丛，卫士般守护着这一方净土。有一些绿化树，因叫不出名字，只能多看几眼，让它们在心地拔节。水池一分为二，有栅栏，一池有水，一池干涸了。栅栏外的两个水池，花花绿绿的，造型别致，油纸圈围，灌水就成池，甚是便利。极目远眺，满眼绿的海洋，远处的绿灯笼闪眼，正是万亩脐橙基地的真实写照。

苗苗不会游水只会折腾，我便将救生圈圈在了他的脖子上。这家伙也是好水的种，一味地"胡作非为"，一点章法也没有，扯出了一串又一串的欢笑。丫丫一看见"唐老鸭"，眼睛都快掉出来了，扑通跳下了水，想骑在它的背上，却因为太重，只能圈住它的脖子东游西荡，甚是惬意。最逗人的是米老鼠，笑出一格童年漫画。刚学走路的聪聪馋涎欲滴，他只能饱饱眼福。虽说见水长三分，也只能围观，逗一两个趣罢了。姑且把这个池命名为一号水池吧，堪称幼童的大乐园。

目光移向二号池的时候，一阵窃喜，好几个弟子带着弟弟妹妹在那做游戏。水车游艇可坐五个少年，或蹲或坐或站，淘气包蹦三蹦，游艇便左摇右晃，胆小的大呼小叫，纷纷落水。快艇真快，一路横冲直撞，六七个小淘气怡然自乐。鳄鱼艇很搞笑，鼓着一对泡泡眼，吓唬谁哩，还不是任人骑，任人拍，要它往西，不敢往东，征服鳄鱼的个个都是英雄汉。水车游轮可好玩啦，那样子极似河道旁车水的水车，得劲往一个方向使，一旦遇见背道而驰的，可就麻烦了。

最吸引人的是栅栏内的假山，是人造的，样子鬼斧神工，但终究没有山的神韵、山的灵气。也许千百年以后，苔藓丛生之日，会真有另一番风采。

"该回去了，真真、亮亮！"刚与我握过手的弟子向双胞胎走去，小家伙骑在石柱上不肯下来。麻石的石柱凹凸不平，风雨咬出了一条条泪痕。这东西已经少见了，正因为少见，愈显得弥足珍贵。显然，他们是看上那对宝贝了，真稀奇！

数学作文

"老爸，数学老师故意刁难我，逼我写数学作文。"孩子还没进门，声音就破门而入了。听得出来，他特别躁动。我赶紧旋出厨房，发现小家伙气鼓鼓的，将背上的书包随手扔在沙发上。自打他读书以来，这种情况还不曾有过。

我赶紧了解缘由。原来，语文老师将了数学老师一军，就因为他兼着班主任。

"没法教了，瞧瞧，一篇作文才两三百字，狗屁不通，气死我也。"语文老师将作文本推到班主任鼻尖，一副不依不饶的架势。

数学课上，老师点了孩子三次名，反复强调注意观察，注意观察，甚至还指指点点的，快下课的时候，特意加了"一道菜"——《刻骨铭心的数学课》。我笑了，笑得有些暧昧。

这是我惯用的招式，只不过孩子不曾经历，因而生气，进而感到委屈，希望我打抱不平。

"那就写呗。"我拍拍孩子的肩，不再发声。

有人说我会打算，上高级课的时候，我比参评老师多一个拿分的项目，正是作文指导奖。老师们都认为，作文得分是专为语文老师设置的。其实不然，只要与学科挂了钩，就是你的。学生作文完全可以与所教学科结合起来，但很多老师都缺少这个思维，也就丢了一个得分点。

也许是班主任具有的优势，我每个星期都给学生加点料，《盘点数学》《我们班的数学王子》《我与古今数学家侃大山》《数学夜话》……连周记都跳不出数学的范畴。不仅如此，我还创建了一个群，命名为"数学作文大世纪"，甚至连家长也参与进来，乐在其中。

有的老师认为我在整学生，其实不然，我整的是自己。每一次布置作业，我都没有置身事外，他们提笔，我同样"操刀"，与同学们争霸主——晒在群里，由家长当评委，好多时候，我都险胜。

因《我是根号2》，家长见面就逗趣："吕老师有那么高，怎么是根号2呢？"家长们太实在了，竟然将小说中的人物对号入座起来，我不解释，也不好解释，那原型确实有我的影子。

平方和与和的平方，热闹了一节课，字数差不多，内涵与外延则大相径庭。我把它们导进课本剧，孩子们可神气啦，争着当角色，抢着编对话，在动作设计上绞尽脑汁，成为2201班的一绝。

数学知识生活化，日常生活数学化，一直是我们追求的最高境界。学生最熟悉的就是日常生活，在日常生活中渗透数学知识是他们的最爱。不少应用题，他们把家长搬了进来，把衣食住行塞了进来，玩得趣味横生。

多媒体是个好东西，既可以晒成果，又可以查阅资料。勾股定理牵出好几位古今中外的数学家，特别是他们的故事一直为同学们津津乐道，同时也丰富了作文的素材。

正当思绪的骏马纵蹄驰骋的时候，孩子把刚写的作文递给我，歪着脑袋道:"看在你的面子上,委屈一回吧。"我又笑了,整整三页、一千多字。人家是愤怒出诗人,在我们家,生气出佳作,而且是少有的佳作。"一般般,不过,我说了不算,数学老师认可才行。"他屁颠屁颠找数学老师去了。

"每一门学科都有作文,前提是要当一回事。"又到申报职称时节,我将数学作文整理成册,想变成铅字,想垫起一位数学老师的高度。

玩文字

老师讲得最入迷的时候，课桌上躺了一大片。老师的抑扬顿挫怎么成催眠曲了呢？赶紧刹车，直面现实，不然，溜到爪哇岛就惨了。

孩子们都喜欢玩，那就做大玩的文章吧。我信手在黑板上写下三个字"玩文字"。

一下就炸了锅，孩子们一个个像打了鸡血，神气活现的。

词语接龙，算是小儿科，从二年级开始，屡试屡爽，全班都热火朝天：学生→生动→动人→人民→民情→情理→理解→解放→放开→开心→心里→里外→外面→面子→子弟→弟兄→兄长→长辈……三个轮回下来，大家仍然兴致勃勃。

"对对碰。"我还没停嘴，下面的同学就拭目以待了：口→木——呆、困、杏、咻，一石激起千层浪，我告诉学生，两个汉字，碰在不同的位置，会生出不同的意思，这就是汉语的博大精深，这就是汉语的无穷魅力。同学们的眼睛发光发亮，是那样开心，是那样兴奋，是那样兴致勃勃。我连喊了三个"停"也没停住，索性让他们再嗨一阵……

人身上到底有多少成语？我一连问了三遍，同学们傻眼了，面面相觑，大眼瞪小眼，半晌没回话。我走下讲台巡视，一半的学生都拿出数学本凑起成语来了，沙沙声不绝于耳。开心的，苦闷的，生气的，愤怒的，四肢的，五脏的，思想的，真是服了他们，五花八门，应接不暇，看得我眼花缭乱。"150个。"小组长亮亮放了第一炮。"370个。"二狗子紧随其后。"436个。"开心果不甘落后。"不止！不止！725个！"学习委员不慌不忙，一溜烟上了讲台，让我把她写的成语拍照传到多媒体上。

我也和同学们一道嗨，忘了自己是一名数学老师。"把这些成语串联起来，就是一篇好文章，说不定还能发表。"一听有这等好事，一个个摩拳擦掌、跃跃欲试。

下课铃有点不近人情，在大家的兴头上浇一盆冷水。还好，抹一把脸，兴致更浓了。"什么时候交？"课代表站起来问。"你说什么？交什么交？送给你们语文老师，我可不越俎代庖……"

"老师玩我们！""老师耍赖！""老师输了！"

"我又没有与大家比赛，哪来的输和赢？"我心里美滋滋的，这文字玩出了大意境呢。

玩泥巴

突发奇想，玩泥巴。真的是说走就走，扬扬的兴趣比天高。你还别说，在山城挖一坯可供玩的泥巴却不那么容易，菜地里的泥"盘根错节"，一泡水就化了，根本合不拢；田里的还不能取浅层的，表面那一层太稀，最好一脚踩到底，从脚踝处探手挖取，最好挖出白善泥，黏性强，不易破裂。

穿过大桥，走进小巷，闯入眼帘的是郊区。靠右的一户人家正在整地基，从底层挖出来的黑泥巴油光水滑。看得出来，这地方原本就是稻田，才有的那质地。

我不好意思去弄，因为主家在整地基，喷水，这么大个人去掏泥巴，如果主人不让，我肯定下不来台。我差扬扬去弄，他也脸皮薄，踟蹰不前。我一脸无奈，只好继续前行，在田埂上弄了一坯巴掌大的泥巴。

往回走的时候，扬扬左顾右盼，有些急不可耐。依我的想法，去河道走廊，那地方阴凉，可尽兴玩。

"就那！"扬扬手一指，就不肯挪脚了。见状，我急趋几步，蹲下。

泥巴在我手里不停地被揉捏，渐渐地，越来越有黏性了。我将泥巴揉成圆坨，大拇指往中间一插，现出一个圆孔。拇指放中间，食指在外沿，揉捏成碗状，轻轻搓底部，使其光滑。别太用力了，用力过头，会戳穿"碗"底，就又要重做了。最后，我把它放在手掌，一个甩扣，啪的一声脆响，炸出一朵泥花来，甚是亮眼。碎泥溅到了衣服和裤子上，拍也拍不干净，我们称其为打啪啪。

　　扬扬蠢蠢欲动，抓起地上的泥巴就学我的样子，一招一式倒也有模有样，结果摔歪了，成了"哑炮"。

　　我的思绪穿越时空，来到二十世纪八十年代。那时节，山里人还没有解决温饱问题，孩子们的玩具只有弹弓、陀螺、圆环、燕子、花房，外加下豆腐棋，翻来覆去，就那么几个玩意儿。

　　想起那一回就想笑。小学四年级的儿童节，下午放假，小龙、二狗子和我相约玩打啪啪比赛，地点是校园门口的独木桥上。

　　照例一盘定输赢，输了的，要把自己的泥巴交给赢家。评定的标准是看谁炸的洞多，谁炸的洞宽。赢家玩的时候，玩出哑炮才转给第二名，继而第三名，玩到小得不能再玩了，才算最后的赢家。输者要买一毛钱纸包糖奖励赢家，一毛钱可买二十粒糖。

　　小龙一炮炸响，泥巴四向横飞，所剩无几；二狗子一炮两响，虽然洞不大，数量多；我点的是哑炮，泥巴原封不动。二狗子第一，小龙第二，我成了地道的尾巴。三个人的泥巴合在一处，一个巴掌盛不下来，要双手捧着摔。二狗子的动作是那样娴熟，半个钟头连轴玩，一直玩到泥巴只剩乒乓球大小才停手。我和小龙都成了看客，结果我不说你也清楚了，二十粒糖嚼得二狗子的嘴巴都歪了。

　　扬扬依旧玩着，一炮也没炸响。我实在看不下去了，伸手教他，边捏边解说，响了两炮。"还要玩一回。""最后玩一回。"扬扬上瘾了，尽管小得不能再玩了，他还在尝试。

扬扬写《玩泥巴》的时候，我还在想那年的玩泥巴。最后的赢家不是二狗子，而是我。他玩过就忘了，我却延伸出了收获，连夜写了一篇文章，标题是《我喜欢玩泥巴》，发在了《儿童文学》上。据说，在山城，小学生的作文上那本杂志，还是第一次，填补了山城一项空白，收到了十元钱稿费。教我语文的范老师记了二十多年，一讲到与玩有关的话题，我的故事就从他的舌尖滑了出来。

找优点

2201班"找优点"的主题班会进入了高潮，掌声、笑声、尖叫声此起彼伏，不绝于耳。

开这样一个主题班会，我是做足了功课的。很长一段时间，同学们在一起总是指责的多，赞扬的少，盛满眼的不外乎别人这也不对，那也不是，只有自己是十全十美的。当然，也有个别学困生，一评价自己往往一无是处。于带班，他们形成很大阻力，如果不改变这种现状，再优秀的老师也甭想带出好的班级。

"我们生活的空间不是缺少美，而是缺少发现美的眼睛。"这话一出，班里炸开了锅，个个气鼓鼓的，没人愿意承认自己没长发现美的眼睛。

不服气，这就是最大的优点。我因势利导："如果每个同学一天到晚欣赏的都是别人的长处，点赞的都是别人的优点，并把它当成标杆，那么，我们的生活就会充满阳光、充满正能量……"不等我把话说完，掌声就响起来。

我让同桌之间找对方的优点，教室里立马鸦雀无声，唯有笔尖与纸张的摩擦声不绝于耳。好家伙，才十来分钟，少则三五条，多则十来条，特别是婧婧，快速作文训练出来了，一页纸密密麻麻的，少说也有三百来字。

我让她上台朗读，抑扬顿挫的嗓音绕梁三日，余音袅袅，悦不尽的享受。

接二连三的学生朗读之后，我做了小结，逐个点评了他们发现的优点。受到表扬的同学，喜不自禁，这自信，难道不也是优点吗？

"我们个个都是小组的顶梁柱，找找看，我眼里的小组义是什么样子的？以小组讨论的形式，选一个代表主笔，至少用两种修辞手法表现，十五分钟之后展示讨论成果。"一石激起千层浪，你一言，我一语，比赶集还要热闹。待渐渐静下心来之后，我一个小组一个小组拍照，把大家公认的优点分别通过多媒体展示出来。

"我们小组像一个活泼的少女，是班里最靓丽的风景，又像丰腴的少妇，一举手一投足魅力四射，倾倒人山人海的眼睛……"这哪是总结优点，简直就是一首赞美诗，是那样耐读，是那样充满诗情画意。

我瞟了一眼多媒体显示的时间，离下课不到五分钟了，真是欢娱嫌时短，一节课眨眼就所剩无几，得赶紧布置课外作业了。"一个班就如同一个人，要想让它充满活力，不但要有创新思维，还要增添新鲜血液和不断自强。大家回家后，仔仔细细找我们班的优点，不要甲乙丙丁罗列，也不要开中药铺：一、二、三、四、五，既要有大骨架，又要有血有肉，似少女怀春，若少男钟情，字字句句，情意绵绵，以'我的老师我的班'为题，写一篇抒情散文，不少于六百字……"

恰在这时，下课铃响了起来。我们班从不拖堂，这算不算优点呢？

放毫篝

刚从外面回来，我和扬扬来不及喘息，又开始讨论今天要写的作文。

小时候，听过好多故事，但是母亲翻来覆去讲的只有《田螺姑娘》，听得我耳朵都起茧了。田螺姑娘心地善良，每天都来到牛牛家。牛牛出去干活的时候，她便悄悄地来，悄悄地离去，帮他洗衣做饭，最后有情人终成眷属。那是一个美好的愿望，我问了好多老人，他们都不知道《田螺姑娘》，妈妈说是祖传的，祖传的田螺姑娘，大姨怎么从来没说过哩？

又是写作文，老师也真是的，让我《在过去的日子里》粉墨登场。过去的日子有好多好多，好多人、好多事搅翻我的脑海，层出不穷，太多了，太多了，真不知抓哪个日子下手最好。

我可喜欢照鱼了。盛夏时节的夜晚，我扛一把耙子，点一个灯笼，挂一个竹篓，穿过纵横的阡陌，双脚蹦进田里。

刚耙过的稻田送来泥土淡淡的馨香。水没过膝盖，暖暖的，一阵微风吹过，汗帕微微摆动，灯笼的火苗左躲右闪。我的两只眼睛鼓鼓的，像两盏探照灯，扫视着前方。右边的泥洞里冒出一个黑乎乎的头来，我右手一挥，狠狠地砸下去，再往外一拖，一条手指粗的鳝鱼就被拖了出来。那家伙扭曲着身子挣扎，但无济于事，很快就进了竹篓。不到半夜，挂篓箍得肩膀生痛，累了，我在田埂上休息片刻，又继续前行……

“放毫篰去！”二舅喜欢喝酒，半斤米酒下肚就红光满面。二舅可讲究啦，下酒的菜香到位、辣到位才津津有味。二十世纪六七十年代，物质可没有现在丰富，买东西凭票，计划经济使然。二舅特好那口肉就酒，可巧妇难为无米之炊，二舅只得亲自下手了。

有道是靠山吃山，靠水吃水。欧家洞那地方田田相连，一下暴雨，水就往口子里淌，是放毫篰的最好时节。我和二舅一人抱一个毫篰，头戴斗笠，身披蓑衣，冒雨而去。我们是打了赌的，比谁毫篰里的鱼多，输了的背二十首唐诗。二舅读了好多书，我在二舅家一住就六年，他每天教两首，唐诗宋词我早就滚瓜烂熟了。

好倒霉，毫篰收回来了，我和二舅每人拿一只脸盆装鱼，二舅有半脸盆泥鳅鳝鱼，我的脸盆里连鱼星都没见着。那个输字成了我的“战利品”，背就背吧，诗词正好做我的下饭菜。

原来，我的毫篰放反了，头没对准口子，鱼自然没办法钻进去了。

“也难怪，城里的孩子没那常识。”外婆帮我开脱，我的脸红成了关公……

在雨中

扬扬进门的时候一个劲地喊热，立马吹电风扇，待平静下来才问："今天写什么?"

"我盼下雨。"抬头看了看天，黑沉沉的，一副山雨欲来的样子。

"轰隆——"一道闪电划破天空，一线一线的雨便往下砸。

"我们玩雨去。"我像个老顽童，吆喝扬扬走进雨中，满伞都是噼噼啪啪的脆响。站在院坪上半晌，我让扬扬仔细玩味如诗如画的雨，告诉他，这作文我们一同写。

走出大院，立新街人来车往，飞驰而过的小车溅出一浪接一浪的水花。一辆黄色的电动摩托车匆匆驶过，着瑶装的少妇没撑伞，脊背湿了一片。

放眼远眺，琳琅满目的大街萧条了许多，临街摆摊的菜农挪到了廊檐下，躲避着迎面而来的雨滴。我的视线定格在一位老奶奶身上，她头顶一把小斗笠大小的雨伞，伞随着身子的扭曲一斜一斜的，后半身披着雪白的薄膜，松树皮般的脸上透出端庄。她面前停着一位骑自行车的中年人，正弯腰挑选紫色的茄子。他们用瑶语交流，而我和扬扬都是瑶语盲，不知他们在嘀咕个啥。

扬扬静不下来，往前走了几步，他看上了飞流直下的水柱，我便把伞撑了过去。水淋到伞上，溅起的水花是那样晶莹剔透，伞歪向了右边，水珠缀在了他的眉毛上，他信手拂去。

我们回到廊檐，继续观察路人。后头走来两位阿姨，其中一位背着孩子，头顶的伞与扬扬的伞碰在了一起，她叽叽歪歪的不知道说了些什么，在我看来，尽是"鸟语"。扬扬是当地人，却也只听得懂几句简单的对话，繁杂一点的，也只有干瞪眼的份。我让他让出路来，也是根据刚才的情形作出的推断。

够了，再多看几眼，依旧是这么回事。我催扬扬往回走。雨似乎越来越大了，积水成滩，没过鞋底。鞋子湿了，袜子自然也湿了，不舒服那是自然而然的事情，没办法，只好往回走，把雨甩在身后，让大脑提前构架《在雨中》。

我的一天

已经子时，我依旧睡意全无。是太兴奋了吗？也不完全。

走进洗手间，揩一把脸，又返回写字台。文章才写了一半，《我的一天》压得我喘不过气来——好久没写命题作文了。

在沿河大道碰到小张，我们是同事，在讲台上你来我往了二十余年，一直搭档着，配合得那么默契。

应他的邀请，我写一篇推介文章——《一生志业班级管理》。扔下饭碗，一坐就是三个小时，那些故事一直鲜活在我的脑海，令我难以忘却。特别让我激动的是"我是好老师"，就这一招，成就了一届届的好学生，他也收获了等身的荣誉。

天刚亮的插曲又在敲我的脑门了。朦朦胧胧的景象挥之不去："老夫又发诗赋狂……"张嘴就来的诗句，搅得我不知所措，搜肠刮肚了老半天，再也没有捞出下句。灵感那东西，一把没抓住，无论你怎么使劲，都是徒劳。我在遗憾里叹息，索性合上笔记本。

刘兰（化名）要出专著《教你没商量》，粗看像模像样的，无论是内容还是形式，都有独到之处。仔细研读，漏洞百出，一篇千字文章，就耗了我三个半钟头，真的是史无前例。我实在忍不住了，拍个照片发给她，问："你平常是这样说话的吗？"她半天不作声，也许在反省吧。末了，她发来一张哭脸。我手写我心，这一点她没做到，甚至可以说是应付了事。这可是专著呀！三审三校，最后还要过质检关，即使发行了，也要下架。见她无语，只好委屈自己，一句一句地帮她修改。

又想起了三年前那件事。在中夏广场，两个采风的少年要给我做个专访，本想拒绝的，他们居然认识我，认识我这位好人，认识我这位"坐家"，赞得我没理由拒绝，便说开了《少年邓中夏的故事》，整整手舞足蹈了两个小时，连一口水也没喝。现场气氛是那样活跃，掌声不断，笑声不断，尖叫声不断，我仿佛年轻了二十岁，那样神采奕奕。

"还不休息，明天还要下乡呢。""老太婆"不高兴，翘着嘴发声。她总是那样，一不高兴就大声说话，又一次打断了我的思路。的确，明天安排了采风，去狮子口大山，采访大山卫士刘真茂，他的事迹感动了成千上万的"粉丝"，他上《宜章百景》真可谓实至名归。

唉，夜更深了，我的一天又要遗憾成一个断章，等灵感再光顾的时候，再续前缘吧……

一得录

1

一直没有生出，动那盘点心的意思。
出门就上饭馆，夹不完的海味山珍。
作业也是一碟点心，在他心里。
嚼多了就撑胃，丢弃又伤心。

2

撑了一辈子船，到头来，还要他渡你。
摇啊摇，是你最爱撩的风景。
冷雨冻结了，冻不住的是你的热情。
一手一支桨，连来势汹汹的冰河，见你就掉头。

3

找到了吗？那块光滑的鹅卵石。

还记得吗？奶名的魅力。

城里的老师，一天到晚抛售从前，好像没有那东西，故事的脚就走不远。

动心了，你。我却不愿陪艳文笔。

4

晓得的，最值钱的是你的追求。

遥想当年，我们从村头迈脚，背着父母的叮嘱。

好多年没衣锦还乡了，门前的小河老伸长脖子盼。

村里人就是怪，一闲下来就爱家长里短。

5

不要喊，大嗓子也撞不开那扇门。

老人的执着你嚼不明白，耳背，又不喜欢重音。

男高音女高音一茬茬，兴冲冲地来，气鼓鼓地去。

进去就没再出来了，那位连衣裙持着柔柔的童声。

6

春天很短，冬天很长。

很短的春天忙，漫长的冬天闲。

忙里偷闲种几行。

庄稼长，诗满园。

抱着火炉煨黄豆，分不出是豆香，还是诗香。

7

人情是圆的，我信。

踩着终点往回访，怎么又回到了起步的地方。

万事开头难，难过就忘，常常。

顺着你的思路奔前程，老师，路怎么没有脚长。

8

曾经，苦苦追求。

到手了，瞧几眼，随手又丢。

一年追到头，越积越厚的是忧愁。

忧愁最爱讲怪话：再不长进，奖你回去种红薯。

9

美丽的邂逅像花，百看不厌。

地址记住了，拜访的是文笔。

人生如航海，好多港口靠靠停停。

新识也好，旧交也罢，一千个再见，也只是一种慰藉。

10

又名落孙山，真不走运，一砸再砸。
明明是一条大道，走着走着，就到了悬崖。
回头路不好走，跳又不甘心。
静一静，用绿水荡涤灵魂，爽的是身心。

11

一直不敢正眼看你，怕读深你的眼湖。
那首诗就发表在你的脸庞，逗我接收。
阅诗无数，难得拍案叫绝。
要是失足跌落诗海，可不得了！真的不知道，你会不会援手
相救。

12

雨花儿开了，掐一朵插进心田。
花盆里的花妒红了双眼。
我也是花一朵哩，从来没有人怜。
花盆里的花终于不生气了，养花人比花更堪怜。

13

兄长的草帽，在海里，旋成一朵睡莲。

不愿打搅，密密的网罩住沉沉的期待。

阵阵海风，吹皱了两眼汪汪的目光。

收网了，拖不动湿漉漉的欢蹦乱跳。

14

不要表白，一开口，淡了好多。

坐在心头，挥挥手，点缀一首歌。

迷离的意境耐磨，足音更火。

疑无路，继续走，道路更宽阔。

15

发过誓的，不再吟花。

去了又来，香气扑怀。

居心叵测，硬要把我害？

这叫关爱，真不识好歹。

16

好想忘记什么，请你告诉我。

寂寞！寂寞！

寂寞是一叶扁舟，载不动花瓣的沉重，航程的苦涩。

上崖吧，大山的脊背，驮得起鼓与呼，驮得起苦与乐。

17

你又回到我的身边，要求不多，只要座椅一张。

那把椅子还空着，想坐就坐。

想挪挪，挪到心中央。

我可不敢，她是地主，要她开口才算。

18

好喜欢，别人的孩子——乖。

孩子的眉头皱成海带。爱，别乱洒。

要是你更乖——

乖，乖，乖，乖的世界不拔节奇才。

19

空下来的时候，心没有了着落。

大把大把的思念流出心田，娃们在不经意的爱抚中，枝开叶散出一个个温馨的家。

娃走声寂的夜晚，四目相对，卧听娃们的笑声破墙而来。

20

许多时候，不去面对生活。

生来胆小，进一步退三步，瞧清了，没有羁绊才肯上前。

好多陷阱张着大嘴，稍不注意就会融化在生活的肠胃。

真正被生活消化，那是福分，怕就怕圆圆地进去，又圆圆地出来，千百回九死一生。

21

当你说出"她是我家的亲戚"的时候，我就走了，默默地。

认得的，你家的亲戚是当地有名的破烂王，还知道，你的学费你的生活费都是她从垃圾堆里几分几角积攒的。

也许有一天我也会走麦城，也许有一天我也会成为你屈指可数的亲戚。

足够了，一辈子有两个也许，我不想也许在没完没了的也许里。

22

一口又一口，海浪肆无忌惮地啃咬礁石。

面对粒粒齿印，叹它真坚强。

猜猜看，礁石怎么想。

痛哟，你却像好斗的武士，装着听不见。

23

轻轻一撕，天幕就烂了。

笑，似娃的脸。

好像不赏识你的蛮力。

狭路相逢勇者胜。好多时候，你却只是乌云下的饭菜。

24

人不是神，你承认生命的有限。

心血来潮，恨不得一天走完几十年的路程。

气泄了，又巴不得一天的路程走它几十年。

不管怎样，上路了，总得抓紧。

25

由一个误区走向另一个误区了，难道这就是人生？

见过太多太多凶残，见过太多太多虚伪，天天演习在没有对手的棋盘里。

个人是渺小的，像山脚下的蚂蚁，扫不尽人世间的垃圾。

26

铆足劲，为的是一夜倾心。

细聆听，不要责难，不要同情，不要赞美，总想蜿蜒心房的颤音。

一夜就足够了，轻轻合上疲惫的眼睛。

27

岁月的车轮碾过坎坷，磨难的光闪闪烁烁。

莫要，莫要，乖孙孙，爷爷他——他，不认识咱。

爷爷记得住的是田埂，和牛的对话。

28

昨天过去了，明天还在路上，伊挂在昨天和明天的桥上荡秋千。

忽而东，忽而西，两只脚丫半空悬。

长河儿双眸瞪得灯笼圆。

他不信，悬空的脚丫走得进瓜果遍地的明天。

29

盲人点灯，不为照亮。

他在暗示，心里可亮堂。

好多事，没法瞒。

你的每个表情，都烙印在他的心坎上。

30

白日愈短，心事愈长。

手托香腮细思量。

用脚量，短短一段路，三年量不完。

瞎忙，瞎忙！手机一亮相，距离巴掌长。

31

没编谎言，没扯由头，路的尽头还有路。

一起来，齐步走，过桥总有先与后。

你不走在先，我不肯挪步，连河水也愁。

还是艄公仁厚，轻篙一点，我们依然同舟共渡。

32

我不够朋友？

你讲的，多一分流连，多一分辛苦。

笑你的头！哪里晓得，泪在肚子里流。

好怕哩，不阴不阳的讽：戳破天也不会成熟。

33

断章，总没有书厚。

会读的人，总会读厚那卷天穹。

武媚娘的碑，也是一个断章。

全世界的书，没一本比她通透。

34

受伤了，别倒下。

让我替你疗伤。

心真狠，出手忒重。

没明白，没有对手，竟伤成这样。

35

每天都要写点东西。一端起饭碗，就下决心。

半天过去了，文不成章。

走出庭院，启蒙老师的话又在耳边回响：不光写文章，好多事情都不能勉强。

36

真不信，品名著的多，喝名酒的少。

当场一试，立马见分晓。

名酒挤了三十桌，又是吆喝。

名著只一卷，被束之高阁。

37

那男孩真蠢，老在别人的遭遇里伤心。

故事都是编出来的，哪有真事情。

肝肠哭断了，还得看医生。

那笔费用，能怨写书的人？

38

梦完了，男女老幼悄悄退场。

你没有动，依旧站在舞台的中央。

约好的，今天主演。

你忘了看预报，天气太糟，他到不了场。

39

想听故事了，爬上母亲的额头。

每一行故事都很沉很长。

想读诗了，痴进母亲的发海。

每一浪歌，都韵味深长。

40

最难读的，是老板的脸。

高兴的时候，肚里能撑篙划船。

生气的日子，容不下一根针尖。

生意做成了，阳光灿烂一张脸。

事情办砸了，整天板脸蛋，寒气凛然。

41

试试看，大力士。

沉甸甸的心，能掷多远？

预备——开始！

抓错了，抓错了，扔出去的，尽是掌声。

42

嘴长在别人脸上，任他说吧。

路铺在自己脚下，由我走吧。

站在别人舌尖，别想伸直腰。

任他人的脸色左右，你走不长人生。

43

错了！来得真及时，踩着错误的脚后跟。

既然你是对的，为什么不走在错误的前头？

什么态度！超前了，谁知道错没错。

明白了，真理总是喝错误的血长大的。

44

就这样了！

几十年日晒雨淋，几十年著书立说。

留下多少哩？

不多不多，几行带露的传说。

45

记得的，你是一团烈火。

无论怎样比喻，我也不是黑夜里的飞蛾。

煤气又涨了，正好用得着。

知道，你会成全，笑语欢歌的餐桌。

46

不然，战争又爆发了。

两边和，没有人将我嫌。

摔倒了，不是稀泥的错，要怪就怪你的眼睛。

蔑视我的人，都要花钱买教训。

47

品味人生，要耐得住寂寞。

没人在乎你，不算严峻的一课。

痰吐到脸上，伸手抹一抹。

冲动是魔鬼，为博一口气，扛住的是灾祸。

48

人面前，伸手握，口若悬河。
都走了，你夸我，友如星河。
夜深了，叩心问：谁会想我。
六弦琴，弹寂寞，不涨反落。

49

受伤了，要不要紧？
没药了，扯几把憧憬。
破相了，不要哭泣。
一道道疤痕，都是光荣的佐证。

50

就是要竞争。
我不争，便宜你，也便宜他人。
即使是你也让，我也让，有人不会让。
你追了，我赶了，没有遗憾。

51

下狠心，全舍下，浪迹天涯，明早就出发。

刚上马，被娘拖住了尾巴。

舍得吗？那朵花，还要结果哩。

没办法，秋后再出发。

52

大家乐的时候，我哭了；大家悲的时候，我笑了。

这种戏，演了好多场。

娘嗔我，姐恼我。

她们都不知道，我在突出自己。

53

猜猜看，悲和喜一同跌落，怎样？

春笑了，阳光灿烂。

秋乐了，心房震颤。

雀雀儿大声嚷：秋日凉，春天暖。

54

这是人生最后一班车，请不要拥挤。

座位是预订的。

该上的都上了。怎么少了一人？

忙晕了，忘了数自己。

55

抓错了，那不是扶把。

没关系，效果不差。

求求你，放我一马。

你这人不讲理，横犁竖耙。

56

白天任人厮打，夜晚才敢痉挛。

撩起夜的衣角，轻轻擦拭创伤。

莫笑本人胆小，息事宁人在行。

一纸告到法院，往往两败俱伤。

57

回首一段历程，平息一腔热血。

大跨度泼墨，让日子的新与旧形成反差，能触动心灵深处那根弦。

泪值千金的日子，反思如舟，哲理如帆，扬长新的征程。

58

又刻骨铭心了一回。

眼馋别人出院，痒喷涌泉穴，浓浓的醋意激荡血管。

生死两茫茫，一墙之隔。

"再见!"还是不见得好，病人与医生。

59

现代人爱换位思考，我多次将心肝宝贝疏导。

有时沉默，有时垂泪，有时叽叽喳喳说笑。

要是父母落难，儿辈们会不会用生命搭桥?

心头肉，通常往下掉。

溯一回源吧，父母需要什么样的依靠。

60

别折楼梯。

才过河，又把桥板当柴烧。

平步青云的画卷，跨得总是高。

断路了，愁杀四季奔波的脚。

61

掰着指头数日子，只有这一天翻不过记忆的山。

一屋的热闹，乐翻天。

谁还记住，娘的磨难?

那一串脆亮，挂肚又牵肠。

62

放下行囊，你才翻得过那山，你才涉得过那江。

不要烦，烦是沉重的负担。

羡慕网，兜住了轻松，兜住了快乐。

别说不敢，卸下了肩上的负担，那双脚才走得路长。

63

粗心的人，忙忙碌碌干号。

细一回也好，慢慢咀嚼人生的味道。

太累了，这样的借口，连火车载不了。

天天喊，实现理想，总不愿劳累双脚。

要知道，干出来的风景更好。

64

会做的，不如会说的，这市场热闹。

妙舌生花，好多人爱瞧。

口若悬河，常领风骚。

真是个活宝。

三千废话，窖不出高尚的情操。

65

空想也是干，好多人就好那锅汤。

蛮干，不眯着眼睛，永远上不了场。

瞄准那筐，一滴汗又一滴汗，看会不会淌出辉煌。

66

学坐禅，有皮无囊。

过去进行时，现在进行时，将来进行时，随便你丈量。

坐在记忆里，想想何妨。

要是不咀嚼，生活的经书，饱不了饥肠。

67

冷处理，是一门艺术，也是一种境界。

心太热，那一碟，没人动筷。

冲动的暴雨，渗不透季节。

做任何事情，心都不能太急切。

68

一粒小小的种子，蕴藏着丰收的希望。

鸡生蛋，蛋生鸡，这命题，够你遐想。

没有生存，哪来的发展。

人的精明，将发展拓宽。

老耕耘绝望，会枯萎情殇。

69

要耐得住寂寞，痴迷艺术的人。

曲高和寡，何必讨要掌声。

艺术的生命，与高寿不成正比。

流芳千古的总是艺术，绝不会是人。

70

开一朵心花，赏花的眼睛，不会吝啬赞扬。

无论环境，无论条件，惠泽的总是芬芳。

出类拔萃的境界，代代都有流传。

不知不觉，又有清风送来《过零丁洋》。

71

我喜欢，这样的人生三部曲。

少年，我爱你的美；壮年，我爱你的谈吐；老年，我爱你的德行。

我佩服歌德的归纳，千万别放进诗集。

少年是艺术的，一件一件地创造；壮年是工程的，一座一座的建筑；老年是历史的，一页一页地翻阅。

节制和制约，灿烂不出人生。

蛇吞大象，那是最壮观的风景。

不拘一格的写手，不会躺着插科打诨。

72

花儿会说话，星星也会说话。

人与人沟通，不一定用言语。

握握手，拍拍肩，就这么搞定。

过头的承诺，最令人伤心。

73

随便走走，松弛神经，消除疲劳，陶冶性情。

与山为友，与水为友，不染一尘。

随意走走，走出画意，走出诗情。

74

我也曾哭，尤其是悲恸欲绝的时候。

哭是一种境界，不哭也是一种境界。

只要精神不倒，再大的压力，也要挺直腰，与哭与不哭没多大
关系。

笑到最后的人，连眼泪也要斤斤计较。

75

等待的意义在于没有意义，无论流水样的时间如何美丽。

有目的也好，没目的也罢，等不来满意的结局。

痴痴傻傻地眺远山近水，千万别误了花样的憧憬。

挪，蹒跚一脚又一脚，距目的地越近，就越有劲。

76

人是多元的，七情六欲集一身。

刚的是骨，柔的是血性。

知识的羽毛，丰满双翼。

嬉戏云彩，一定要选个好天气。

77

人生如旅游，不能没有目的地。

一闪而过的，是沿途的风景。

最好不虐待眼睛，流连三五日，不要紧。

如期就好，只不过紧走一阵。

78

不让感情变形，只好轻轻捧着。

也有人，死死地拽着，生怕他挤进别人家的门。

下手狠了，会窒息一条生命。

爱，也要有分寸？留一点余地，好侧身。

79

一撇一捺直透脊梁的是"人"，就怕站不稳。

腰不能折，膝不能屈。

在世上走一遭，就要堂堂正正。

很难独善其身，丧失了依靠，也就没了硬朗。

后记

带着感恩　一路前行

我出生在一个农村家庭，父母都是普通农民。我从偏僻的大山走出来，成为一名光荣的人民教师，成为人民教师队伍中的骨干，怀揣的是满满的感恩。

感恩我的父母。也许这是最普通不过的情怀，但我还是想倾诉。父母是农民，把我们四个子女拉扯大已实属不易，还供养了3名大学生和1名中专生，令孩子们成为公职人员则更艰辛。上小学那会儿，我们随父母在田间干活，总是起早摸黑，目睹了母亲晕倒在田间，用生命供养着我们的现实。初三那年，母亲病了，面对巨大的经济压力，父亲不得不外出打工，将手扶拖拉机交给了我。我撑起了家里的农活，3年的拖拉机驾驶经历，让我的手一次次地起泡，一次次地结茧，是父亲用放手培养了我的责任和担当。我高中辍学，失魂落魄那几天，从镜子里发现母亲在背后偷偷地看我、悄悄地流泪，真正懂得了什么是母子连心——孩子的伤痛在母亲身上会加倍疼痛。感恩父母，是你们用血汗浇灌我的"爱"，萌芽我的"爱"，成长我的"爱"。

感恩我的老师。从小学到初中，我没怎么穿过新衣服，都是穿哥哥穿不了的旧衣服，心里多少有几分失落。但老师们没有以"貌"取人，都把我当成"家宝""校宝"，喜欢我、关爱我、栽培我。老师的心血没有白费，初中毕业我以700多分的成绩考上了重点高中。但命运却给我开了个玩笑——刚读高一，家里已经连生活费都支付不了了。不怪父母，多子多女多负担，一个个都在上学，生活的压力已经重得让他们撑不下去了。哥哥大学快毕业了，大姐正读大学，二姐为了减轻家里的负担，放弃梦寐以求的高中，转读了开支小的中等师范。我是最小的，没有选择的余地，只能停学务工。开学后，我请求父亲去学校给我办理休学手续。忘不了啊，忘不了！那段时间，班主任陈长华老师左一个电话右一个电话，催父亲把我送回去："我不要钱，我只要人！"在陈老师的坚持和催促下，我的休学没办成，又从广东返回了学校……那时的我，完全看不到求学的路到底还有多长，抑或有多少天，只知道上学期的费用还没交，下学期陈老师依然提醒我返校读书。一晃就到了毕业之期，陈老师从未跟我提过费用的事。我满腔感激和内疚，陈老师那样无私，是他一次次的担保和无微不至的关爱让我读完了高中。终于熬过了家里最困难的两年，我做梦也没想到还能走进大学。师生之爱沁透了我的心，如今我也成了一名光荣的教师，我由衷地关注那些特困生、学困生，一次次用爱呵护着这些孩子，看着他们的成长和进步，是我人生最大的幸福。

感恩我的同事。从进入教师队伍那一天起，我满怀激情，只要是领导安排的工作，我都接下，我行！我的工作量总是最重的，老同事看在眼里、放在心里。对于肯干的新手，大家都是另眼相看，不用我求就会主动教我。工作上我从不讨价还价，一分耕耘一分收获一分成长，一年又一年的没日没夜，我不仅成了学校的教学骨干，还积累了丰富的班级管理经验。35 岁时我就有幸成长为一名高级教师，就在我想要歇足的时候，结识了临聘的陈荣华老师，得遇一生中的又一个贵人。与智者在一起，自己也会成为智者。我们促膝而谈最多的是思想、智慧、个性与高度。是的，教师的价值不是体现在职称上，而是体现在对生命的培育上，思想、智慧、个性与高度值得我一生去提升、去践行。这几年来，我一直在担任班主任工作，在这个岗位上，我更能体会幸福之所在。

感恩我的爱人。她与我相识在偏僻的关溪乡学校，那时的我还是个"穷小子"，没有房子，没有车子，甚至还欠着读书的债。举办一个简单的乡村婚礼后，她便与我携手同行。她一边工作一边带着两个娃，才有了我事业上的进取和提升。"你对每一个学生都那么用心、那么友爱，你对每一个同事都那么真诚、那么友好，我倒觉得结婚有些多余。"爱人累了烦了时就会这样抱怨，怨过之后依然为我做好吃的，依然义无反顾地操持家务。是的，打小穷怕了的我不懂什么是浪漫，也没给过她什么特别的爱，结婚以来也一直享受着她的任劳任怨，品味着她烹饪的色香味俱全的菜肴。

如果说每一次相见都是缘分，那我得感恩遇见。遇见陈荣华老师是我最大的幸运，《杏坛园丁的风格》这一专著就得益于他的指点。当老师永远没有成熟的那天，始终在不断成长。成长路上要时时打捞沉淀，适当地停下脚步，回头梳理一番，再迈步前行，也许能走得更快、走得更高、走得更远。回顾从教 10 多年的心路历程，我把对教育的"爱"凝进《杏坛园丁的风格》，希望这份"爱"能成为蒲公英的种子，随风播撒，来年春天又丛生最亮丽的风景。

　　路漫漫其修远兮，吾将上下而求索。

吕秀军

2023 年 8 月 31 日